Rosemarie Nave-Herz
Familie heute

Rosemarie Nave-Herz

Familie heute

Wandel der Familienstrukturen
und Folgen für die Erziehung

5. Auflage

Die Deutsche Nationalbibliothek verzeichnet diese Publikation
in der Deutschen Nationalbibliografie;
detaillierte bibliografische Daten sind im Internet über
http://dnb.d-nb.de abrufbar.

Das Werk ist in allen seinen Teilen urheberrechtlich geschützt.
Jede Verwertung ist ohne Zustimmung des Verlags unzulässig.
Das gilt insbesondere für Vervielfältigungen, Übersetzungen,
Mikroverfilmungen und die Einspeicherung in und Verarbeitung
durch elektronische Systeme.

5., überarbeitete Auflage 2012
© 2012 by WBG (Wissenschaftliche Buchgesellschaft),
Darmstadt
1. Auflage 1994
Die Herausgabe des Werkes wurde durch die Vereinsmitglieder
der WBG ermöglicht.
Satz: Setzerei Gutowski/schreiberVIS, Bickenbach
Einbandabbildung: Father talking with young sons outdoors
© picture alliance / PhotoAlto
Einbandgestaltung: Peter Lohse, Heppenheim
Gedruckt auf säurefreiem und alterungsbeständigem Papier
Printed in Germany

Besuchen Sie uns im Internet: www.wbg-wissenverbindet.de

ISBN 978-3-534-25191-9

Die Buchhandelsausgabe erscheint beim Primus Verlag
Einbandgestaltung: Jutta Schneider, Frankfurt a. M.
ISBN 978-3-86312-332-1

www.primusverlag.de

Elektronisch sind folgende Ausgaben erhältlich:
eBook (PDF): 978-3-534-73015-5 (für Mitglieder der WBG)
eBook (epub): 978-3-534-73016-2 (für Mitglieder der WBG)
eBook (PDF): 978-3-86312-847-0 (Buchhandel)
eBook (epub): 978-3-86312-848-7 (Buchhandel)

Inhalt

Vorwort zur fünften Auflage	7
Vorwort zur ersten Auflage	8
1. Einführung: Zum Strukturbegriff	11
2. Familienformen in Deutschland	13
2.1 Die These der „gestiegenen Pluralität von Familienformen"	13
2.2 Wandlungstendenzen in Familienbildungsprozessen und die Veränderungen in den familialen Rollenzusammensetzungen	18
2.3 Die zeitliche Veränderung der Lebens- und Familienzyklen	25
3. Wandel der Familiengröße und seine Auswirkungen auf den Familienalltag	29
4. Zum zeitgeschichtlichen Wandel der Mutter- und Vater-Rolle	38
4.1 Die gestiegene Erwerbstätigkeit von Müttern	39
4.2 Mütterliche Erwerbstätigkeit und mögliche Auswirkungen auf das Kind	44
4.3 Arbeitsteilung und Rollendifferenzierungen in den Familien heute	49
4.4 Zum Wandel der Vater-Rolle	54
5. Veränderungen in den familialen Interaktionsbeziehungen und Folgen für die Erziehung und Bildung	62
5.1 Von der Ehe- zur Elternbeziehung	62
5.2 Veränderungen in den Erziehungszielen und im Erziehungsverhalten	66
5.3 Die Auswirkungen der (fehlenden) Geschwistergemeinschaft auf den Sozialisationsprozess der Kinder	70

5.4	Veränderungen der familialen Beziehungen durch das Schul- und Ausbildungssystem	75
5.5	Gewalt in der Familie: ein neues Problem?	81
6.	Familiales Freizeitverhalten	88
7.	Gibt es (neue) Sozialisationsprobleme für alleinerziehende Eltern, Stieffamilien und homosexuelle Partnerschaften?	95
7.1	Alleinerziehende Eltern	95
7.1.1	Mutterfamilien aufgrund lediger Mutterschaft	98
7.1.2	Mutterfamilien aufgrund von Scheidung/Trennung	102
7.1.3	Vaterfamilien	106
7.1.4	Alleinerziehende Eltern durch Verwitwung	107
7.2	Stieffamilien	109
7.3	Homosexuelle Partnerschaften mit Kindern	113
8.	Verursachende Bedingungen für den zeitgeschichtlichen Anstieg der Ehescheidungen	118
9.	Ausblick	127
Literatur		131
Anhang		151
Sachregister		155

Vorwort zur fünften Auflage

Im Vergleich zu den vorhergehenden Auflagen stellt der vorliegende Band eine Erweiterung durch die Einarbeitung neuer empirischer Untersuchungsergebnisse und der aktuellen statistischen Daten dar. Da in den letzten Jahren die empirischen Arbeiten über familiensoziologische Themen enorm angestiegen sind – vor allem eine Folge der Auswertungen großer Datensätze (z.B. des DJI-Familienpanels, des Gender- and Generationsurvey, der Mannheimer Ehescheidungsstudie, des DJI-Kinderpanels, des Beziehungs- und Familienpanels (parfaim)) – konnten manche der Ausführungen in den früheren Auflagen dieses Buches weiterhin belegt, ergänzt oder differenzierter beschrieben werden. Insbesondere fanden nunmehr die Unterschiede der familialen Entwicklung zwischen West- und Ost-Deutschland eine stärkere Berücksichtigung.

Nicht verändert hat sich das Ziel dieses Buches: Es will historisch-vergleichend aufzeigen, was de facto – häufig entgegengesetzt der öffentlichen Meinung – als neuartig in Bezug auf die heutigen Familienformen, die innerfamilialen Interaktionsprozesse und die familiale Sozialisation identifiziert werden kann und wie sich das Verhältnis von Familie und Schule zeitgeschichtlich gewandelt hat. Inhaltlich sind zu alten Problemen neue hinzugekommen, vor allem im Hinblick auf die Erwerbstätigkeit von Müttern und die familiale Freizeitgestaltung durch die neuen Informations- und Kommunikationsmedien. Im Schlusskapitel wurde die gesamtgesellschaftliche Bedeutung der Familie pointierter herausgestellt.

Ich freue mich über das anhaltende Interesse an diesem Buch. Es möge weiterhin dazu beitragen, Vorurteile über Familien und familiales Handeln kritisch zu hinterfragen. Familie heute zu leben ist anspruchsvoll und mit viel Verantwortung verknüpft. Das Wissen darüber zu fördern und zu verbreiten, bleibt Ziel dieses Bandes.

Oldenburg, im Februar 2012   Rosemarie Nave-Herz

Vorwort zur ersten Auflage

Da jeder in unserer Gesellschaft während seines Lebens Erfahrungen mit eigenen Familienproblemen sammeln kann (zumeist als Kind *und* als Erwachsener) und jeder das Familienleben von Verwandten und Freunden kennt, stehen Familiensoziologen und -soziologinnen, wenn sie über ihr Wissenschaftsgebiet sprechen oder schreiben, vor dem Dilemma, dass ihre Ausführungen mit diesen persönlichen „Wissensbeständen" konfrontiert werden. Um ein Dilemma handelt es sich hierbei deswegen, weil bei Übereinstimmung von wissenschaftlichen Ergebnissen und Alltagserfahrung in der Wahrnehmung der Adressaten eigentlich nur Bekanntes präsentiert, bei Nicht-Übereinstimmung Zweifel an der Forschung ausgelöst wird, da man persönliche Erfahrungen nicht gerne zu Ausnahmefällen „stempeln" lässt und familiale Erlebnisse zumeist mit starken Emotionen besetzt sind. Ich kenne leider keinen „Königsweg" aus diesem Dilemma, aber habe die Hoffnung, dass die in den folgenden Kapiteln präsentierten Forschungsergebnisse den Leser oder die Leserin dennoch überzeugen werden.

Das gesellschaftliche Alltagswissen enthält im Übrigen gerade in Bezug auf die Familie – sowohl über die historische als auch über die gegenwärtige – eine Reihe von falschen Generalisierungen, von „Mythen", wie sie der bekannte Familienhistoriker Mitterauer benannte. Beispielhaft sei nur an die Vorstellung erinnert, dass die vorindustrielle Familie überwiegend eine Drei-Generationen-Familie und eine „Großfamilie" gewesen sei. In der Realität war diese jedoch – z.B. wegen der geringen Lebenswahrscheinlichkeit im Alter, der höheren Säuglings- und Kindersterblichkeit, aus ökonomischen Gründen – sehr selten. Zu fragen wäre ferner, ob heute neue Mythen über die gegenwärtige Familie, vor allem auch durch die Sensationsmeldungen der Boulevardzeitungen „produziert" werden, in denen nur von Scheidungen, häufigen Wiederverheiratungen, neuen Liebesbeziehungen u.a.m. berichtet wird. Handelt es sich bei diesen Berichten de facto um einen allgemeinen Trend oder sind der häufige Wechsel von Ehepartnern, die Zusammensetzung der Geschwistergruppe aus „meinen, deinen, unseren Kindern" nur Entwicklungstendenzen in einem bestimmten kulturellen Milieu unserer Gesellschaft? Werden hierbei nicht die zahlreichen Ehepaare vergessen, die ihre Goldene Hochzeit gemeinsam feiern? Hat demgegenüber aber nicht jeder im Verwandten- und Freundeskreis zumindest eine Partnertrennung unmittelbar miterlebt? Handelt es sich bei dieser selbst erlebten Alltagserfahrung wirklich nur um Ausnahmen?

Im vorliegenden Buch soll zunächst auf diese Fragen eingegangen werden, weil mit den Begriffen „Wandel der Familienstrukturen" im Titel eine derartige Entwicklung assoziiert wird. Zudem behandeln viele Autoren dieses Thema, ohne die gleichzeitig veränderten gesamtgesellschaftlichen und vor allem lebenslaufspezifischen Prozesse mit einzubeziehen, mit der Folge, dass undifferenzierte Bewertungen über den Ablauf der familialen Veränderungen die gegenwärtige wissenschaftliche Diskussion bestimmen. Vorrangiges Ziel dieses Buches soll es daher sein, diesen – häufig klischeehaften – Vorstellungen über die heutige Familie entgegenzuwirken.

Insgesamt war der familiale Strukturwandel viel umfassender und in manchen Dimensionen des familialen Lebens viel tiefgreifender als es in der Diskussion über die These der heutigen Pluralität von Familienformen zum Ausdruck kommt. Diese innerfamilialen Veränderungsprozesse, ihre verursachenden Bedingungen und ihre Folgen für die Erziehung und Bildung der Kinder stehen im Mittelpunkt des vorliegenden Buches.

Es ist mir ein Anliegen und keine Pflicht, mich bei einigen Mitarbeiterinnen und Mitarbeitern, die zur Fertigstellung des vorliegenden Buches beigetragen haben, zu bedanken: Als Erstes gilt mein Dank meiner Sekretärin, Frau Marion Meiners; wir arbeiten nunmehr fast 20 Jahre zusammen und sind zu einem „richtigen Gespann" geworden. Alle meine Leistungen beruhen auch auf ihrem Können, ihrer Zuarbeit und ihrer Unterstützung. – Des Weiteren hat Frau Monika Schlegel bei der technischen Herstellung des Manuskriptes, bei der Zusammenstellung von Tabellen, durch Literaturrecherchen und schließlich beim mühseligen Korrekturlesen geholfen. Unterstützt wurde sie bei diesen Arbeiten von Frau Melanie Bind. – Herr Dr. Rainer Fabian hat das Manuskript kritisch durchgelesen; auf ihn sind manche Verbesserungen und Ergänzungen zurückzuführen. Allen sei für ihre Hilfeleistungen herzlichst gedankt.

Das Buch widme ich meinem Sohn Klaus-Armin und meiner Tochter Rosegret: Möge ihnen ihre Aufgabe als Eltern nicht nur gelingen, sondern auch Freude bereiten!

Oldenburg, im März 1994　　　　　　　　　　Rosemarie Nave-Herz

1. Einführung: Zum Strukturbegriff

Wenn im Zentrum der vorliegenden Abhandlung der „Wandel der Familienstrukturen" steht, ist es zunächst notwendig, auf den Begriff der „Struktur" einzugehen, zumal dieser gleichzeitig den Aufbau und das methodische Vorgehen der folgenden Abhandlung bestimmt.

Mit dem Begriff „Struktur" (Ordnung, Bauart) bezeichnet man in der Soziologie ein Beziehungsnetz von relativer Stabilität und Konstanz zwischen ausgewählten Elementen. Wesentlich für den Strukturbegriff ist aber nicht nur das Vorhandensein oder die bloße Anordnung von Elementen, sondern in welcher bestimmten Ordnung und in welchem Zusammenhang sie untereinander stehen.

Ferner ist zu bedenken, dass wir soziale Strukturen selbst nicht erkennen können, sondern wir müssen ihr Vorhandensein lediglich aus ihrer Wirkung auf das Handeln der Individuen erschließen.

„Struktur" ist keine Begriffskategorie eines bestimmten wissenschaftstheoretischen Paradigmas, vielmehr wird der Terminus sowohl in mikro- als auch in makro-soziologischen Ansätzen verwendet, in marxistischen und phänomenologischen, in verhaltens- und systemtheoretischen. In der folgenden Abhandlung wird der Begriff „Struktur" mit einer rollen- und systemtheoretischen Perspektive verbunden, d.h. die Strukturelemente sind identisch mit sozialen Rollen; und mit „System" wird der Bezugsrahmen einer Struktur bezeichnet. Damit ist der Systembegriff dem Strukturbegriff übergeordnet.

Auf den Familienbereich übertragen, bedeutet hier eine Analyse der Struktur, dass das System „Familie" im Hinblick auf die familialen Rollen, die Art und Weise, wie diese zueinander geordnet sind und in welcher Beziehung die familialen Rollenträger stehen, zu beschreiben ist. Strukturwandel bezieht sich auf die Frage, ob diese genannten Dimensionen im zeitgeschichtlichen Vergleich als identische oder als veränderte zu skizzieren sind.

Bisher konnte sich keine der verschiedenen Varianten von Systemtheorien – trotz intensiven wissenschaftlichen Diskurses – als allgemein anerkannt durchsetzen. Die folgende Analyse steht in keiner Tradition einer bestimmten Systemtheorie. Mit der Verwendung des Begriffes „System" bzw. „systemtheoretische Perspektive" soll hier lediglich eine Forschungsstrategie zur Systematisierung der vielen empirischen Befunde über familiale Wandlungsprozesse angekündigt und ferner das erkenntnisleitende Interesse betont werden, nämlich nicht nur Veränderungen der Familie selbst zu beschreiben, sondern auch die interdependenten Beziehungen zu familialen Out-Systemen, vor allem zum Bildungssystem, sollen analysiert werden. Denn wer den Systembegriff verwendet, kündigt gleichsam an, dass er das, was er nunmehr als System bezeichnet, als einen komplizierten Wechselwirkungszusammenhang vieler Elemente auffasst, denen er im Einzelnen durch eine differenziertere Analyse nachgehen will (Jensen 1983: 14). Die gewählte Gliederung der vorliegenden Abhandlung folgt dieser systemtheoretischen Sichtweise.

Im ersten Kapitel wird zunächst nach den konstitutiven Merkmalen des Systems „Familie" im Vergleich zu denen von anderen sozialen Systemen gefragt und nach der – auf theoretischer Ebene möglichen – Vielfältigkeit von Familienformen heute. Schließlich wird diese theoretisch mögliche Pluralität von unterschiedlichen Familienformen mit ihrer quantitativen Verbreitung in der Bundesrepublik Deutschland konfrontiert. Die folgenden Kapitel thematisieren dann weitere innerfamiliale Wandlungsprozesse, vor allem zeitgeschichtliche Veränderungen in den familialen Rollen und den Interaktionsbeziehungen zwischen den Mitgliedern familialer Systeme, und schließlich die veränderten interdependenten Beziehungen zu familialen Außensystemen. Insgesamt wird hier Familie als ein „relative closed system" (im Sinne von Reuben Hill) gesehen, das von externen Faktoren zwar beeinflusst werden kann, aber nicht im Sinne einer uni-linearen Wirkungskette. Den familialen Systemen werden gewisse Eigendynamiken zugeschrieben: Gleiche extern induzierte Veränderungen (wie z.B. Konflikte am Arbeitsplatz, Schichtarbeit) können zu unterschiedlicher interner Verarbeitung führen. Alle zeitgeschichtlichen familialen Veränderungsprozesse werden jeweils an entsprechender Stelle – und nicht kapitelmäßig gesondert – im Hinblick auf ihre Folgen für die Erziehung und Bildung geprüft.

2. Familienformen in Deutschland

2.1 Die These der „gestiegenen Pluralität von Familienformen"

In zahlreichen Veröffentlichungen wurde in den letzten Jahren auf die gestiegene Instabilität von Ehe und Familie und auf ihre sinkende Verbindlichkeit hingewiesen und diese Entwicklung als De-Institutionalisierungsprozess der Familie beschrieben. Diese Deutung des familialen Wandels wurde zwar bereits am Ende des 19. und Anfang des 20. Jahrhunderts vertreten (z. B. von H. W. Riehl, F. Engels u. a.; vgl. Nave-Herz 2010), aber neu aufgenommen wurde sie in den 1980er Jahren, ausgelöst durch die Veröffentlichungen z. B. von Tyrell (1978: 611 ff.; 1988). Andere Autoren (z. B. Beck und Beck-Gernsheim 1990; Barabass und Erler 2002) betonen zwar ebenfalls den gestiegenen Traditionsverlust, bedauern aber die zugenommene Auflösung fester Verbindlichkeiten nicht, sondern stellen den damit verbundenen Gewinn an individueller Freiheit heraus, vor allem die damit einhergehende Chance, zwischen verschiedenen Formen menschlichen Zusammenlebens wählen zu können, und benennen diese Entwicklung mit „Individualisierungsprozess". Dieser Wandel resultiere aus der ökonomischen Wohlstandssteigerung, dem sozialstaatlichen Absicherungssystem, dem gestiegenen Bildungsniveau u. a. m. Er habe auch dazu geführt, dass es „die Familie" nicht mehr gebe, sondern nur „Familien", die Beck in seinem Eröffnungsvortrag auf dem 25. Deutschen Soziologentag auflistet: „Da gibt es schockierende Entwicklungen: Wilde Ehen, Ehen ohne Trauschein, Zunahme der Ein-Personen-Haushalte im Quadrat, Alleinerziehende, Alleinnacherziehende, allein herumirrende Elternteile" (1990: 43).

Während die De-Institutionalisierungsthese also stärker den Bedeutungsverlust und die Abnahme von bestimmten Normenverbindlichkeiten von Ehe und Familie und damit auch den quantitativen Rückgang der „Normalfamilie" (= Zwei-Eltern-Familie) betont, wird mit der Individualisierungsthese und vor allem von Beck die Aufgabe des begrifflichen Konstruktes „Familie" gefordert und die Pluralität von Familienformen herausgestellt, wobei er jedoch bei seinen erwähnten Beispielen nicht zwischen Ehe-, Lebens- und Familienformen differenziert.

Beiden Thesen ist gemeinsam, dass sie zeitgeschichtlichen Wandel, ausgehend von einem ganz bestimmten engen Familienbegriff, beschreiben, so wie er von Goode und auch von Parsons geprägt worden ist. Für Parsons war Kennzeichen von Familie eine bestimmte Rollenstruktur (nämlich das Zusammenleben von Vater, Mutter und Kind/ern) und eine spezifische funktionale Binnendifferenzierung, z. B. die eindeutige interne und externe Aufgabentrennung zwischen den Ehepartnern, d. h. der Ehemann und Vater hatte für die ökonomische Sicherheit zu sorgen, die Ehefrau und Mutter war für den Haushalt und vor allem für die Pflege und Erziehung der Kinder verantwortlich. Weiterhin wären für die moderne Familie sehr spezifische Interaktionsbeziehungen charakteristisch: So ist nach Parsons die Mutter-Rolle mit einem „expressiven Verhalten" (einem gefühlvollen, auf die Bedürfnisse anderer orientierten) und die Vater-Rolle mit einem „instrumentellen Verhalten" verknüpft.

Konnte man nach dem Zweiten Weltkrieg noch bis in die 1970er-Jahre hinein davon ausgehen, dass es dieses Familienmodell in den Industriegesellschaften in vielen Dimensionen – nie in allen (Bertram 2006: 51 ff.; Nave-Herz 2012) – in der Realität überwiegend gab, so ist nunmehr zu beobachten, dass – infolge vielfältiger Veränderungsprozesse in anderen gesellschaftlichen Teilbereichen – dieses Modell nur noch für eine Minorität zutrifft. Auf diese Entwicklung bezieht sich die De-Institutionalisierungsthese. Ist es aber gerechtfertigt, den Familienbegriff auf ein bestimmtes – zeitlich begrenztes – Familienmodell zu beschränken? Jedenfalls für die Beschreibung von familialem Wandel ist ein derart enger Familienbegriff sogar unsinnig; denn greift man nämlich auf eine solche enge Definition von Familie zur Beantwortung der Frage nach der Pluralität von Familienformen zurück, läuft man Gefahr, durch den gewählten Begriff genau das auszublenden, was man eigentlich untersuchen will, weil man durch seine Begrifflichkeit bestimmte Veränderungen, evtl. sogar neu entstandene Familienformen, von vornherein ausklammert.

In der Tat ist die Antwort auf die Frage nach der heutigen Vielfalt familialer Lebensformen abhängig vom gewählten Begriff von Familie.

Mit der These über die gestiegene Individualisierung und Pluralität familialer Lebensformen soll dagegen die heutige Vielfältigkeit im Hinblick auf die Familienbildungsprozesse (durch Geburt, Verwitwung, Scheidung usw.) und die Rollenzusammensetzung (Zwei-Eltern-Familie und die verschiedenen Ein-Eltern-Familien) betont werden. Auf weitere mögliche Differenzen zwischen den einzelnen Familien, z.B. im Hinblick auf die innerfamilialen Beziehun-

These der „gestiegenen Pluralität von Familienformen" 15

gen, den internen und externen Aufgabentrennungen u. a. m., bezieht sie sich zumeist nicht (vgl. die Übersicht in: Nave-Herz 2006: 43 ff.).

Zu fragen wäre aber nunmehr, ob – mit Beck – deshalb nur noch der Plural „Familien" Verwendung finden und auf das begriffliche Konstrukt „Familie" überhaupt verzichtet werden sollte. Selbstverständlich sind Begriffe nur dann sinnvoll, wenn mit ihnen eine spezifische Ausgrenzung aus der sozialen Realität möglich ist. Und das trifft auf den Familienbegriff zu, auch wenn – um familialen Wandel und die Pluralität von Familienformen erfassen zu können, und um nicht Veränderungen (wie bereits betont) durch die gewählte Begrifflichkeit von vornherein auszuschließen – es notwendig ist, eine Definition von Familie auf einem möglichst hohen Abstraktionsniveau zu wählen.

Im Folgenden soll deshalb gefragt werden, durch welche Kriterien sich die Familie von anderen Lebensformen in einer Gesellschaft unterscheidet, und zwar in allen Kulturen und zu allen Zeiten.

Diese konstitutiven Merkmale von Familie sind, und zwar gleichgültig, welche spezifische, historische oder regionale Ausprägungsform sie besitzen (vgl. hierzu ausführlicher Nave-Herz 2006: 29ff.):
1. die biologisch-soziale Doppelnatur aufgrund der Übernahme der Reproduktions- und zumindest der Sozialisationsfunktion neben anderen, die kulturell variabel sind,
2. ein besonderes Kooperations- und Solidaritätsverhältnis; denn über die üblichen Gruppenmerkmale hinaus (wie z. B. gemeinsames Ziel, begrenzte Zahl, Struktur, Wir-Gefühl) wird in allen Gesellschaften der Familie eine ganz spezifische Rollenstruktur mit nur für sie geltenden Rollendefinitionen und Bezeichnungen (z. B. Vater/Mutter/Tochter/Sohn/Schwester usw.) zugewiesen; (die Anzahl der Rollen und die Definition der Rollenerwartungen sind kulturabhängig),
3. die Generationsdifferenzierung. Es darf insofern hier nur die Generationsdifferenzierung (also das Eltern- bzw. Mutter- oder Vater-Kind-Verhältnis) und nicht auch die Geschlechtsdifferenzierung, also nicht das Ehesubsystem, als essenzielles Kriterium gewählt werden, weil es zu allen Zeiten und in allen Kulturen auch Familien gab (und gibt), die nie auf einem Ehesubsystem beruht haben oder deren Ehesubsystem im Laufe der Familienbiographie durch Rollenausfall, infolge von Tod, Trennung oder Scheidung, entfallen ist. Damit bilden alleinerziehende Mütter und Väter sowie Nichteheliche Lebensgemeinschaften mit Kindern auch Familiensysteme.

Die Generationsdifferenzierung kann sich sowohl auf die Eltern-/

Mutter- bzw. Vater-Kind-Einheit beziehen – dann sprechen wir von Kernfamilie – als auch auf die Großeltern, evtl. sogar auf die Urgroßeltern (= Drei- bzw. Vier-Generationen-Familie). In den folgenden Ausführungen wird – der Kürze wegen – die Kernfamilie als Familie bezeichnet und werden nur dann die genannten unterschiedlichen Familienbegriffe herangezogen, wenn diese Differenzierung für die inhaltliche Darstellung notwendig ist.

Unter Zugrundelegung dieser weiten Definition von Familie wäre nunmehr zunächst auf theoretischer Ebene zu prüfen, welche Vielfalt von Familienformen gegenwärtig **vorstellbar** wäre. Da die These über die gestiegene Pluralität familialer Lebensformen sich auf die verschiedenen Möglichkeiten der heutzutage gegebenen unterschiedlichen Rollenzusammensetzungen und Familienbildungsprozesse beschränkt, wird in der folgenden Systematik ebenso nur von diesen beiden differenzierenden Variablen ausgegangen. Beachtet werden muss bei der Aufstellung eines derartigen klassifikatorischen Schemas von Familienformen, dass bestimmte gesetzliche Bestimmungen die Bildung von bestimmten Familientypen nicht zulassen, z.B. können bei uns Nichteheliche Lebensgemeinschaften ein Kind nicht zusammen adoptieren, jedoch ein Partner allein. Zählt ein Kind eines homosexuellen Partners zur Wohngemeinschaft hat der andere Partner eine Adoptionsmöglichkeit. Gleichgültig, ob eine Adoption gegeben ist oder nicht, bilden homosexuelle Paare, wenn Kinder vorhanden sind, soziologisch gesehen, eine Familie. Die Kinder können wegen einer Scheidung aus einer früheren Ehe oder wegen Trennung aus einer nichtehelichen Paarbeziehung stammen (vgl. ausführlicher Kap. 7.3). Homosexuelle und nichteheliche Partnergemeinschaften können in Deutschland ferner aufgrund unserer Gesetze nicht mit Hilfe der Reproduktionsmedizin durch Geburt eines Kindes sich zur Familie erweitern.

Zählt man die theoretisch möglichen Familientypen aufgrund der unterschiedlichen Rollenzusammensetzungen (Eltern-/Mutter-/Vater-Familien) und Familienbildungsprozesse (durch Geburt, Adoption, Scheidung/Trennung, Verwitwung, Wiederheirat, Pflegschaft) zusammen und differenziert die Eltern-Familien nach formaler Eheschließung und Nichtehelichen Lebensgemeinschaften, ergeben sich insgesamt 18 verschiedene, rechtlich mögliche Familientypen.

Aus der Abbildung 1 wird deutlich, dass die traditionelle Vorstellung von Familie, nämlich die über die biologisch-genetische Eltern-Kind-Einheit mit formaler Eheschließung, nur eine Familienform unter vielen verschiedenen ist.

Abbildung 1: Typologie von Familienformen

Familien-bildung durch	Eltern-Familien			Ein-Eltern-Familien	
	formale Eheschließung	nichteheliche Lebensgemeinschaften	homosexuelle Paare	Mutter-Familien	Vater-Familien
Geburt	×	×	(×)[1]	×	
Adoption	×		(×)[2]	×	×
Scheidung/ Trennung		×	×	×	×
Verwitwung		×	×	×	×
Wiederheirat	×				
Pflegschaftsverhältnis	×				

[1] nur durch medizinische Reproduktion im Ausland möglich.
[2] gilt nur in Bezug auf die Kinder des Partners.

Hinter dieser Typologie steckt eine statische Betrachtungsweise; denn im Zeitablauf kann es zu einem Wechsel von einer zur anderen Familienform kommen, sogar zum mehrfachen Wechsel, z. B. wird bei Scheidung oder Trennung aus einer Eltern-Familie eine Mutter- oder Vater-Familie, schließlich evtl. durch Zusammenleben mit einem neuen Partner oder Partnerin eine erneute Eltern-Familie, wobei diese Eltern-Familie durch Stiefelternschaft gekennzeichnet sein könnte, u. U. sogar zudem durch Stiefgeschwisterschaft. Damit wird gleichzeitig deutlich, dass eine weitere Differenzierung der genannten Familienformen hinsichtlich dieser beiden Strukturelemente „Stiefelternschaft" und „Stiefgeschwisterschaft" noch durchzuführen wäre. Nimmt man noch weitere Variablen zur Differenzierung von Familienformen hinzu, z. B. den Wohnsitz, die Erwerbstätigkeit der Mutter und des Vaters u. a. m. (vgl. die Typologie bei Nave-Herz 2006: 33f.) und berücksichtigt ferner zudem die Veränderungen in den individuellen Lebensläufen – wie es Feldhaus und Huinink (2011: 77f.) durchgeführt haben – kann zwischen sehr vielen verschiedenen Familienformen differenziert werden (vgl. hierzu auch Wagner 2008: 99ff.).

Doch allein schon unter Zugrundelegung der beiden Variablen „Rollenzusammensetzung" und „Familienbildungsprozesse", wie es die Pluralitätsthese vorsieht und wie die Abbildung 1 zeigt – ist bereits eine Vielfältigkeit familialer Lebensformen *denkbar*. Im nächsten Abschnitt wird der Verbreitungsgrad dieser unterschiedlichen Familienformen in unserer Gesellschaft dargestellt; m. a. W.: Es soll geprüft werden, ob die These über die gestiegene Pluralität familialer Lebensformen nur Optionen oder die soziale Realität beschreibt.

2.2 Wandlungstendenzen in Familienbildungsprozessen und die Veränderungen in den familialen Rollenzusammensetzungen

Während der letzten Jahrzehnte haben in der Bundesrepublik Deutschland de facto die verschiedenen Familienformen statistisch zugenommen, die nicht dem „Normalitätsmuster" im Hinblick auf den Familienbildungsprozess und auf die Rollenzusammensetzung entsprechen, d. h. es ist ein stetiger Anstieg von Nichtehelichen Lebensgemeinschaften mit Kindern, der Ein-Eltern-Familien und von Wiederverheiratungen (Stiefelternschaften) gegeben. Im Folgenden soll nacheinander auf die quantitative Verbreitung und auf die verursachenden Bedingungen für den Anstieg dieser drei Familienformen eingegangen werden.

Nicht nur in Deutschland, sondern auch in den meisten westlichen Ländern haben in den letzten 40 Jahren die Nichtehelichen Lebensgemeinschaften stark zugenommen. Sie betragen zur Zeit (= 2010) 2,6 Millionen. In dieser Lebensform wachsen aber kaum Kinder auf, sie bilden also nur selten eine Familie: In Westdeutschland 6 %. Anders stellt sich die Situation in den neuen Bundesländern dar. Hier leben häufiger als im westlichen Bundesgebiet Kinder in den Haushalten von unverheiratet zusammenlebenden Partnern (= 19 %; Stat. Jahrbuch 2011; 45). Allerdings deutet der seit der deutschen Einheit zu beobachtende stärkere Anstieg der nichtehelichen Partnerschaften ohne Kinder auch hier auf längerfristig mit dem früheren Bundesgebiet vergleichbare Entwicklungstendenzen hin (vgl. Stat. Bundesamt 4/2001: 70–72). Fux deutet die höheren Anteile in den neuen Bundesländern als „Erbe der DDR-Gesellschaft" (Fux 2011). Vor allem für West-Deutschland sind die Nichtehelichen Lebensgemeinschaften (im Gegensatz z. B. zu Skandinavien) eher als eine neue Lebensform im Jugendalter bzw. während der Postadoleszenz zu definieren (vgl. ausführlicher: Nave-Herz 2006: 103 ff.; Huinink et al. 2007: 90).

Die Nichtehelichen Lebensgemeinschaften haben keineswegs –

wie häufig vermutet wird – die Ehe und Familie obsolet werden lassen, sondern diese Partnerschaftsform hat bewirkt, dass sich der Phasenablauf bis zur Ehegründung und die Sinnzuschreibung der Ehe verändert haben. In der Bundesrepublik Deutschland wird heutzutage – wie mehrere empirische Untersuchungen belegen (Nave-Herz 1984a; Matthias-Bleck 1997; Nave-Herz 2002; Huinink et al. 2007: 91 ff.; Feldhaus und Schlegel 2011: 95; Schneider und Dobritz 2011) – die Eheschließung überwiegend aus drei Gründen vollzogen oder geplant: wegen einer Schwangerschaft, eines Kinderwunsches oder wegen des Vorhandenseins von Kindern (u. U. aus früheren Partnerschaften). Wir sprachen deshalb aufgrund unserer Daten von einer „kindorientierten Ehegründung" heute (Nave-Herz 1984a und 1988). Die Koppelung von Ehe und Kindern ist also in Deutschland weiterhin – wenn auch in den neuen Bundesländern weniger stark – gegeben (vgl. hierzu auch Schneider und Dorbritz 2001; Hubert 2011: 220; Kreyenfeld, Konietzka und Walke 2011: 71; Feldhaus und Schlegel 2011: 95).

Beide – die Ehe und die Nichteheliche Lebensgemeinschaft – unterscheiden sich also in der Bundesrepublik überwiegend durch den Gründungsanlass: Eine partnerbezogene Emotionalität ist immer stärker Anlass für die Gründung einer Nichtehelichen Lebensgemeinschaft, die emotionale kindorientierte Partnerbeziehung zur Eheschließung. Damit scheint der Prozess – der Trend – der funktionalen Spezialisierung von Ehe und Familie und der strukturelle Differenzierungsprozess infolge institutioneller Verselbstständigung von zwei qualitativ unterschiedlichen Systemtypen weiter fortgeschritten zu sein. Ehe und Familie werden in der Bundesrepublik Deutschland immer stärker zur bewussten und erklärten Sozialisationsinstanz für Kinder (vgl. hierzu Nave-Herz 1989b: 214 und 1996: 60 ff.).

Diese zeitgeschichtliche Entwicklung ist verständlich; denn die Entstehung des neuen Systemtyps „Nichteheliche Lebensgemeinschaft" ist auf gesamtgesellschaftliche Veränderungsprozesse zurückzuführen. Bis ca. Mitte/Ende der 1970er-Jahre wurde die Motivation zur Eheschließung zwar auch durch eine emotionale Partnerbeziehung ausgelöst, aber häufig unterstützten systemexterne Bedingungen (ökonomische, rechtliche, die Nicht-Akzeptanz vorehelicher sexueller Beziehungen – erst 1973 wurde der „Kuppelei-Paragraph" abgeschafft –, wohnungsmäßige u. a. m.) den Ehe-Entschluss. Heute dagegen hat eine Heirat an zwingender Notwendigkeit zur Erfüllung bestimmter elementarer Bedürfnisse oder als materielle Versorgungsinstitution (vor allem für die Frauen) an Bedeutung verloren.

Diese Situation sah in der DDR im Übrigen etwas anders aus. Hier galt bis 1986 umgekehrt, dass man die Eheschließung bei der Geburt des Kindes zunächst vermied und man die Nichteheliche Lebensgemeinschaft wählte, vielfach um die Vergünstigungen, die die sozialpolitischen Maßnahmen allein stehenden Müttern in der DDR boten, in Anspruch nehmen zu können (Gysi 1989: 267, Höhn et al. 1990: 151). Die sehr viel höheren Nichtehelichen-Quoten seit Mitte der 1970er-Jahre bis Mitte der 1980er-Jahre in der DDR im Vergleich zur (alten) Bundesrepublik Deutschland sind zunächst vor allem auf diesen Sachverhalt zurückzuführen (Huinink 1999: 127). Doch nach 1986 fielen diese „Anreize" fort, aber die Quote der Nichtehelichen Lebensgemeinschaften nahm nicht ab. Aufgrund der Erhebung von Gysi, sind ebenso hier damals wie heute die Nichtehelichen Lebensgemeinschaften als „Durchgangsphasen" zu charakterisieren: entweder spätere Auflösung oder spätere Eheschließung (Gysi 1989: 267; ebenso Lauterbach 1999: 291ff.).

Die veränderte Rechts- und Wirtschaftssituation in Ostdeutschland hat zwar gewisse Angleichungstendenzen auch im Hinblick auf die Familienbildungsprozesse bewirkt, aber die familienstatistischen Daten unterscheiden sich z. T. noch stark, wie im Weiteren gezeigt wird.

Warum aber wird in den (alten) Bundesländern im Hinblick auf das Kind eine Lebensform bewusst mit der Absicht auf Dauer und gegenseitigem Verpflichtungscharakter, also die Ehe, gewählt? Aus der Systemforschung ist bekannt, dass soziale Systeme, wenn sie nicht auf Zwang beruhen, nur dann sich bilden und bestehen bleiben, wenn sie in der Lage sind, eine bestimmte bedürfnisbefriedigende Leistung zu erfüllen, die kein anderes Sozialsystem verspricht. Steht hinter der kindorientierten Eheschließung also der Wunsch nach Befriedigung des Bedürfnisses nach Sicherheit, nach Konformität? Resultiert der Eheentschluss daraus, dass mit der Geburt von Kindern und der damit entstehenden neuen „Sorgeproblematik" die Ehe mit ihrem höheren Institutionalisierungsgrad für die Rolle der Elternschaft als beste Lösung erscheint? Sind es vielleicht nur materielle oder rechtliche Gründe? Zunächst sei wiederum betont, dass zwischen West- und Ost-Deutschland zu unterscheiden ist.

Zur Beantwortung dieser Fragen führten wir selbst mehrere empirische Untersuchungen durch (Matthias-Bleck 1997; Sander 1997; Nave-Herz 1997), die sich auf die „alte" Bundesrepublik bezogen; ihre Ergebnisse wurden – wie bereits erwähnt – durch neuere Untersuchungen auch für die Gegenwart bestätigt. Unsere Daten zeigten, dass – im Zuge der neuen sicheren Planbarkeit von Kindern – Frauen und Männer sich für eine Geburt von Kindern nur dann entscheiden, wenn sie dieser neuen Verantwortung auch tatsächlich gerecht werden können. Unter „Verantwortung" wird hierbei sowohl die Übernahme und Sicherstellung der ökonomischen Belastung durch Kinder als auch die psychische Zuwendung zum Kind – einschließlich der zu erwartenden nötigen Zeitressourcen – verstanden. So betonen 86 %, dass die finanzielle Unsicherheit oder die Sorge um den Arbeitsplatz die Entscheidung für Kinder erschweren. 79 % sind der Ansicht, dass der Alltag ohne Kinder schon anstrengend genug ist, zudem sei es schwierig, Beruf und Familie miteinander zu vereinbaren (= 77 % / Mehrfach-Nennungen waren möglich). Jede Dritte denkt, dass zu hohe Ansprüche an die Eltern gestellt werden und sie alles doch perfekt machen möchten (BIB Aktuell 2; 2011: 16). Kaufmann (1995: 42ff.) hatte diese heutige familiale Situation auf theoretischer Ebene bereits zuvor abgeleitet und mit dem Begriff der „verantworteten Elternschaft" umschrieben, während man in früheren Zeiten geneigt war, Kinder als „Schicksal" zu definieren. Die „kindorientierte Ehegründung" heute ist also zumeist gekoppelt mit dem Prinzip der „verantworteten Elternschaft". Dieser normative Anspruch wird aber ferner mit dem traditionellen Ehekonzept argumentativ verbunden, obwohl man dem Ideal der romantischen Liebe und dem Verweisungszusammenhang – „nur wenn Kinder, dann Ehe" – oberste Priorität einräumt. Vor allem der Anspruch an den Ehemann und Vater ist in allen europäischen Staaten geblieben, für den ökonomischen Unterhalt seiner Familie verantwortlich zu sein (Thorton, Axinn und Yu Xie 2011: 118f.). So hat der Versorgungsanspruch der Frau als Grund der Eheschließung bei der Geburt von Kindern also an Aktualität bei vielen Müttern und Vätern noch nicht verloren (vgl. Kap. 4.1).

Diese Forderungen nach Erfüllung traditionaler Rollenerwartungen sind realitätsgerechte Antworten auf die noch immer in unserer Gesellschaft gegebene strukturelle Ungleichheit zwischen den Geschlechtern, vor allem für Mütter. Schließlich ist es allgemein bekannt, dass ganz besonders dann, wenn die Frau ihre Erwerbstätigkeit vollständig aufgibt oder sie diese stark einschränkt, sich ihre Chancen in Bezug auf den beruflichen Aufstieg verringern und sich ihre eigenen Rentenbezüge schmälern, dass sie das Risiko der beruflichen Nicht-Wiedereingliederung oder der beruflichen Herabstufung eingeht u.v.m. Hält sie an ihrer Erwerbstätigkeit fest, wählt sie damit – die viel betonte, aber bisher nicht veränderte – „Doppelbelastung".

Der Anstieg nichtehelicher Lebensgemeinschaften trug – wenn auch nicht allein – in der Bundesrepublik Deutschland ebenso zur Abnahme der Eheschließungsziffern und zum Anstieg des Heiratsalters der Ledigen bei (vgl. Abbildung 4 im Anhang). Das durchschnittliche Heiratsalter ist seit Mitte der 1970er-Jahre sowohl in der DDR als auch in den alten Bundesländern gestiegen. Zur Zeit (= 2010) beträgt es bei den ledigen Männern 33,2 Jahre und bei den Frauen 30,3 Jahre (Stat. Bundesamt 2011). Es ist im Vergleich zu anderen europäischen Staaten bei uns relativ hoch.

Dieser Trend zur späteren und abnehmenden Eheschließungsneigung wurde auch gefördert durch die Möglichkeit einer zuverlässigeren Geburtenplanung, ferner durch den allgemein gestiegenen Trend zur Verlängerung der Ausbildungszeiten und der Abnahme unbefristeter Arbeitsverträge. Vor allem qualifiziert ausgebildete Frauen warten heutzutage länger bis zu einer Heirat, nämlich bis sie eine ihrer Ausbildung adäquate berufliche Position innehaben (vgl. Grundmann et al. 1994). So wurden in der jüngsten Forsa-Umfrage vornehmlich ebenso berufliche und finanzielle Gründe genannt (BIB Aktuell 02; 2011: 15), ebenfalls in der 16. Shell-Studie (2010: 43).

Die Zahl der Ein-Eltern-Familien hat in den letzten 40 Jahren ebenso wie die der Nichtehelichen Lebensgemeinschaften mit Kindern in der Bundesrepublik Deutschland stetig zugenommen. Ihr Anteil beträgt nunmehr 19% an allen Familienformen (Stat. Bundesamt 2011; Mikrozensus). Sie bilden insgesamt eine Minorität, vor allem der Anteil der Vater-Familien ist – wenn auch steigend – weiterhin sehr gering (vgl. Kap.7.1).

So ist ein Anstieg der Zahl von alleinerziehenden Müttern, und zwar vor allem von geschiedenen bzw. getrennt lebenden, aber auch von ledigen Müttern gegeben, während der Anteil verwitweter stark zurückging. In den neuen Bundesländern ist der Anteil der Alleinerziehenden sowohl schon zur Zeit der DDR als auch jetzt höher; es dominieren hier ebenso die Ein-Eltern-Familien aufgrund von Scheidung und lediger Mutterschaft. Der Anstieg dieser letztgenannten Familienformen spiegelt sich auch in der gestiegenen Quote nichtehelicher Geburten wider, und zwar bis 2004, dann fiel sie um 1 % (Stat. Jahrbuch 2011). Diese Zahlenreihen stellen jedoch nur Zeitpunkterhebungen dar, und das bedeutet, dass erfahrungsgemäß 1/3 der nichtehelich geborenen Kinder durch spätere Heirat der Eltern noch legitimiert wird.

Der Anteil von Adoptions-, Stief- und Pflege-Familien ist dagegen gesunken und bei uns – vor allem im Vergleich zu den USA – nicht hoch. Der Rückgang der Adoptionen betrug seit 1994 ca. 40 % (Stat. Jahrbuch 2011). In Stieffamilien wachsen bei uns nur um 7% aller Kinder in dieser Lebensform auf (Bien 2002: 89).

Im Übrigen sind alle bisher erwähnten Familienformen keine neuartigen Lebensformen, obwohl mit der Pluralitätsthese (vgl. Kap. 2.1) immer gleichzeitig direkt, zuweilen auch nur indirekt, die Behauptung verknüpft wird, dass es sich hierbei um neue moderne Lebensformen handelte. So gab es schon immer Mutter- und auch Vater-Familien; die Adoptions-, Pflege- und Stieffamilien waren sogar in den vorigen Jahrhunderten verbreiteter als heute. Doch abgesehen von den Pflege- und Adoptions-Familien stellten die anderen – vor allem in der vorindustriellen Zeit – keine eigenständigen Systeme dar, sondern waren eingebettet in andere Lebensformen (z.B. in einer großen Haushaltsfamilie), waren fast nur in den unteren Schichten zu finden, und ihre Gründungsanlässe waren überwiegend andere als heute: Verwitwung und Nicht-Ehelichkeit statt – wie heutzutage – überwiegend Trennung und Scheidung. Ihre soziale Bewertung war zwar regional unterschiedlich, aber überwiegend auch von ihrer Entstehungsursache abhängig: Mitleid bei Verwitwung, Diskriminierung bei Nicht-Ehelichkeit. Die Eltern-Familie ohne formale Eheschließung, also die Nichtehelichen Lebensgemeinschaften mit Kindern, hat es in der vorindustriellen Zeit in manchen Gegenden sogar häufiger gegeben als heute, aber nur in den Armutsschichten. Der quantitative Anteil dieser genannten Familienformen ging erst seit Ende des vorigen Jahrhunderts stetig zurück (ein erneuter Anstieg war während und nach den beiden Weltkriegen gegeben); die traditionelle Eltern-Familie hatte nur Ende der 1950er und Anfang der 1970er-Jahre in diesem Jahrhundert ihre stärkste Verbreitung (Nave-Herz 2012). Erst dann stiegen wieder langsam andere Familienformen quantitativ an. Vor allem aber nahm die öffentliche Akzeptanz anderer Familienformen zu. Sie wurden ferner auch unter ökonomischen Gesichtspunkten lebbare Daseinsformen, was sie früher kaum waren. Das gilt selbst für die in der Gegenwart häufig finanziell sehr schlecht gestellten Mutter-Familien.

Wenn bisher gezeigt wurde, dass in der Bundesrepublik in den letzten Jahrzehnten die Nichtehelichen Lebensgemeinschaften mit Kindern, die Ein-Eltern-Familien sowie die Stieffamilien quantitativ zugenommen und die Pflege- und Adoptions-Familien abgenommen haben, bleibt nunmehr zu prüfen, wie stark die traditionelle Eltern-Familie in der Bundesrepublik Deutschland im Vergleich zu diesen noch verbreitet ist.

Bezogen auf alle Familienformen mit Kindern unter 18 Jahren sind 72 % Eltern-Familien mit formaler Eheschließung, d. h. diese Familienform ist weiterhin quantitativ die weit überwiegend dominante geblieben (Stat. Jahrbuch 2011). Fragt man ferner, wie hoch der Anteil der Kinder an der Gesamtzahl ist, die heutzutage in der herkömmlichen Kernfamilie (= Zwei-Eltern-Familie/rechtlich-formale Eheschließung) aufwachsen, so zeigen die Daten, dass die große Mehrheit der Kinder (= 76 %) zumindest bis zum 18. Lebensjahr mit ihren verheirateten Eltern zusammenlebt (Stat. Bundesamt, vom 3.8.2011: 9; vgl. Abbildung 1 im Anhang). Auch in dieser Hinsicht ist der Unterschied zwischen West- und Ost-Deutschland bemerkenswert (vgl. Tabelle 2 im Anhang). Dennoch überwiegt in den neuen Bundesländern die 1-Kindfamilie.

Wie ist dieser Befund des hohen Anteils von Kindern, die mit ihren leiblichen Eltern in der Bundesrepublik Deutschland zusammenleben, zu erklären, da heutzutage bereits jede dritte Ehe geschieden wird? Jedoch: Die Ehescheidungsquoten der kinderlosen Ehen sind am höchsten und die der kinderreichen am geringsten; ferner werden relativ viele Ehen in der nachelterlichen Phase, also wenn die Kinder über 18 Jahre alt sind, geschieden.

Verlassen wir die familienstatistische Ebene und fragen nach der heutigen subjektiven Wertschätzung von Ehe und Familie, so belegen sowohl demoskopische Umfragen als auch empirische Untersuchungen, dass die traditionelle Eltern-Familie an subjektiver Wertschätzung keineswegs verloren hat (vgl. z.B. Schneider et al. 2001: 170; Bundesinstitut 2005: 8; Noelle-Neumann und Köcher 2002: 119; Datenreport 2011: 45), auch bei den Jugendlichen (16. Shell-Studie 2010: 43). Selbst diejenigen, die in anderen Daseinsformen leben, würden überwiegend das Leben in einer Eltern-Familie bevorzugen, und die Mehrzahl von ihnen hat ihre jetzige Lebensform nicht als bewusste alternative Lebensform zur traditionellen Eltern-Familie gewählt (Schneider et al. 2001; Onnen-Isemann 2000; BMFSFJ 2009a: 41). Ebenso unternehmen und versuchen viele Adoptions-Familien alles, um als traditionelle Eltern-Familie zu gelten, und möchten keine „Alternativform" sein (vgl. hierzu auch Bien 2002: 106).

Auch in der DDR spielte in der subjektiven Wertschätzung die Familie eine große Rolle. Sie war der Ort, wo man sich zurückziehen konnte, wo Meinungen offen, ohne Furcht vor Zurechtweisung und Folgen diskutiert werden konnten, wo Eltern und Kinder „zusammenhalten" mussten. Rückblickend bezeichnet man deshalb die DDR häufig als „Nischengesellschaft" (Krause 1991: 89). Dass viele

Personen hier einem Irrtum unterlagen, weil der politische Staatsapparat selbst engste Familien- und Verwandtschaftsangehörige sich seinem Dienst gefügig gemacht hatte, wurde vielfach erst nach der „Wende" erkannt.

Selbst die gestiegenen und derzeit hohen Scheidungszahlen weisen nicht auf einen Bedeutungsverlust, auf ein In-Frage-Stellen oder auf eine Abneigung gegen Ehe und Familie hin. Statistische Datenreihen stellen nämlich keine Motivanalysen dar, und so zeigen die Ergebnisse einer empirischen Erhebung über die verursachenden Bedingungen für Ehescheidungen, dass die Instabilität der Ehe gerade wegen ihrer hohen subjektiven Bedeutung für den Einzelnen zugenommen und dadurch die Belastbarkeit für unharmonische Partnerbeziehungen abgenommen hat (hierüber wird in Kap. 8 ausführlicher berichtet).

Gleichzeitig verstärkt die abnehmende Notwendigkeit, Ehen – mehr oder weniger allein – aufgrund zwanghafter Kohäsion zu erhalten, z.B. infolge der ökonomischen Lage, des sozialen Ansehens, vor allem für die Ehefrauen, u.a.m., diesen Prozess (Nave-Herz et al. 1990; Esser 2003: 117ff.).

Zusammenfassend ergibt sich als Antwort auf die Frage nach der gestiegenen Pluralität von Familienformen, dass weiterhin die Eltern-Familie (mit formaler Eheschließung) statistisch die dominante Familienform, bezogen auf die in der Typologie (vgl. Abbildung 1, S. 17) aufgelisteten Familienformen, geblieben ist, dass 76% aller Kinder unter 18 Jahren in dieser herkömmlichen Kernfamilie aufwachsen – wenn auch Unterschiede in West und Ost-Deutschland bestehen – und dass weiterhin auch auf normativer Ebene ihr eine hohe subjektive Bedeutung zugeschrieben wird.

In Bezug auf alle Haushalte in der Bundesrepublik Deutschland haben die Familienhaushalte jedoch abgenommen, was vor allem durch die zeitlichen Veränderungen der Zyklen im Lebensverlauf des Einzelnen bedingt ist. Auf diese wird deshalb im Folgenden eingegangen.

2.3 Die zeitliche Veränderung der Lebens- und Familienzyklen

Eine wesentliche Veränderung für das Familienleben bedeutet das Immer-Älter-Werden der Menschen. Denn mit der Verlängerung des Lebensalters und durch die im gleichen Zeitraum gegebene Reduktion der Kinderzahl pro Familie war eine Veränderung der

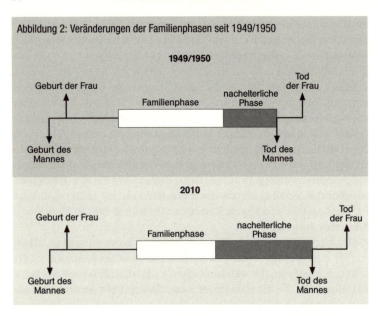

Abbildung 2: Veränderungen der Familienphasen seit 1949/1950

zeitlichen Strukturierung des individuellen Lebensverlaufs verbunden. Manche Wissenschaftler bestreiten sogar, dass es heute noch eine Standardisierung in der Abfolge von bestimmten Lebensphasen gäbe, die vor ca. 30 Jahren als „normal" galt (z. B. Kohli 1986).

Verändert hat sich vor allem der Phasenablauf bis zur Familiengründung. Die Abfolge „Kennen lernen – Verlobung – Eheschließung – Geburt des Kindes" ist durch die Entstehung neuer Lebensformen (Wohngemeinschaften, Nichteheliche Lebensgemeinschaften, Alleinleben) und dem häufigen Wechseln zwischen ihnen durchbrochen worden. Mehr junge Menschen sammeln demzufolge heute Erfahrungen mit den unterschiedlichsten Lebensformen. Doch nach der Eheschließung und der Geburt des ersten Kindes (oder heute zuweilen umgekehrt: nach der Geburt des Kindes und der Eheschließung) ist der Lebensablauf (trotz der hohen Scheidungsquoten von ca. $1/3$ einer Eheschließungskohorte) für $2/3$ der Verheirateten gleich geblieben: Heirat/Geburt des ersten Kindes – Familienphase – nachelterliche Phase – Tod des Ehemannes/ Verwitwung – Tod der Ehefrau. Die einzelnen Zyklen haben sich allerdings in ihrer Länge verschoben. Zeitlich ausgedehnt hat sich vor allem die nachelterliche Phase. Noch nie in unserer Geschichte gab es so viele Ehepaare, die ihre Goldene Hochzeit gemeinsam feiern können wie heute. Ferner haben noch nie so viele Urgroßeltern bzw. vor allem Urgroßmütter ihre Urenkel erlebt. Dieses sind historisch völlig neue Phänomene.

Dagegen hat sich die eigentliche Familienphase, d. h. die Zeit der Pflege und Versorgung von Kindern – trotz des längeren Verbleibens der Jugendlichen im Elternhaus (Stat. Bundesamt 2011: 43) – verkürzt, was – wie gesagt – auf die geringere Kinderzahl pro Familie und auf die höhere Lebenserwartung der Menschen zurückzuführen ist. Diese Zeitspanne macht nur noch ca. 1/4 der gesamten Lebenszeit aus; vor 100 Jahren betrug ihr Anteil noch mehr als die Hälfte. Dieser Sachverhalt hat insbesondere das Leben der Frauen verändert. Eine normative Festschreibung der Frauen auf ihre Mutter-Rolle würde heutzutage bedeuten, dass sie 1/4 ihres Lebens in der Erwartung auf das „eigentliche Leben" (= Familienphase) und ca. 2/4 ihres Lebens im Bewusstsein, dass das „eigentliche Leben" vorbei sei, verbringen würden.

Die zeitliche Reduktion der Lebensphase, in der Eltern mit ihren Kindern eine Haushaltsgemeinschaft bilden, hat aber ferner zur Folge gehabt, dass von allen bestehenden Haushalten in der Bundesrepublik Deutschland nur 23% Familienhaushalte im traditionellen Sinn sind. Sie sind also – bei einer querschnittsmäßigen Betrachtung – in eine Minoritätenstellung gedrängt worden. Das uns in Werbespots suggerierte Bild, dass unsere Gesellschaft hauptsächlich aus Haushalten von Vater und Mutter mit Kindern (aus sog. Kernfamilien) zusammengesetzt sei, stimmt also mit der sozialen Realität überhaupt nicht mehr überein. Selbst bei Addition aller verschiedenen Familienformen sind die Familienhaushalte im Sinne der Eltern – oder Vater-/Mutter-Kind-Einheit – durch die Zunahme vor allem der Ein-Personen-Haushalte, der kinderlosen Ehen und der Nichtehelichen Lebensgemeinschaften ohne Kinder o. a. m. – querschnittsmäßig betrachtet – nicht mehr quantitativ die dominante Lebensform in unserer Gesellschaft (nämlich 36%).

Im Hinblick auf den Lebenslauf des Einzelnen jedoch – also bei einer Längsschnittbetrachtung – ist die weit überwiegende Mehrheit der bundesrepublikanischen Bevölkerung dennoch zweimal in ihrem Leben in einer traditionellen Eltern-Familie eingebunden: als Kind und als Erwachsener. Doch: „in Familie leben" (d. h. hier: das Zusammenleben mit Kindern) ist stärker als je zuvor zu einer transitorischen Lebensphase geworden.

Neben der – wie erwähnt – nur geringfügig quantitativ angestiegenen Variabilität von Familienformen während der letzten Jahrzehnte sind es also vor allem die unterschiedlichsten Lebens- und Haushaltsformen *ohne Kinder*, die zugenommen haben, weil sich das Leben verlängert und sich die Familienphase durch die geringere Kinderzahl pro Familie verkürzt hat. Auf diese kinderlosen Lebensformen kann sich also realiter nur die Pluralitätsthese beziehen; in Bezug auf die Familienformen verweist sie – bisher jedenfalls noch – überwiegend lediglich auf Optionen.

In der Forschung (und in der Öffentlichkeit) hat die Frage nach der Pluralität familialer Lebensformen diejenige nach dem Wandel des familialen Alltags und der innerfamilialen Beziehungen fast in den Hintergrund gedrängt, obwohl diese Veränderungen viel gravierender waren. Vor allem bedeutet „Kindheit" heute etwas völlig anderes als noch vor 30, 40 Jahren, schon allein wegen der geringeren Kinderzahl in der Familie, weshalb im folgenden Kapitel auf diesen Wandel ausführlich eingegangen werden soll.

3. Wandel der Familiengröße und seine Auswirkungen auf den Familienalltag

Wenn man als differenzierende Variable für die Bildung von Familientypen nicht die Familienbildungsprozesse (wie im vorigen Kap.), sondern die Kinderzahl pro Familie nimmt, dann zeigt sich ein gegenläufiger Trend im Hinblick auf die Pluralitätsthese, nämlich ein Entdifferenzierungsprozess zwischen verschiedenen Familienformen; hier hat nämlich die Vielfalt abgenommen oder m. a. W.: die Familienformen sind unter diesem Aspekt nicht pluraler, sondern homogener geworden; denn die Mehrzahl der Kinder wächst heutzutage in Ein- oder Zwei-Kinder-Familien auf (= 75 %, davon 25 % allein und 48 % mit einem Bruder oder einer Schwester (vgl. Abbildung 2 im Anhang). Die Zahl der Drei- und Mehr-Kinder-Familien ist sehr stark gesunken und beträgt zur Zeit 6 %; Stat. Bundesamt vom 3. 8. 2011: 13).

Die sinkende Geburtenquote in Deutschland wird in der Öffentlichkeit vor allem nur im Hinblick auf die in Zukunft zu erwartenden Probleme mit der Rentenversicherung, der Altenpflege und mit den verschiedensten gesellschaftlichen Infrastruktureinrichtungen diskutiert (vgl. hierzu Nave-Herz 2011: 281 f.). Es erscheint aber ebenso wichtig, die Konsequenzen, die der Geburtenrückgang für die Kinder selbst und für den Familienalltag hat, zu bedenken. Der – auf den ersten Blick betrachtet – rein quantitative Vorgang der Veränderung der Familiengröße durch Reduktion der Geburtenzahl hat nämlich ebenfalls qualitative Auswirkungen auf die innerfamilialen Interaktionsbeziehungen, da gruppendynamische Prozesse auch durch die Gruppengröße bestimmt werden. So sind mit dem zahlenmäßigen Anstieg insbesondere der Ein- und Zwei-Kinder-Familien gleichzeitig die Zunahme spezifischer Interaktionsstile und -formen zwischen Eltern und Kindern verbunden, ebenso bestimmte Erwartungshaltungen und Leistungsanforderungen der Eltern an sich selbst; und schließlich haben sich für immer mehr Kinder die Sozialisationsbedingungen durch fehlende Geschwistergemeinschaften und nachbarschaftliche Spielgruppen gewandelt. Diese Veränderungen sollen im folgenden Abschnitt beschrieben werden. Einleitend ist es zunächst notwendig, die verursachenden Bedingungen des Geburtenrückganges darzustellen, um den Funktions- und Bedeutungswandel von Kindern für die Frauen (und auch für die Männer) im Laufe unserer Geschichte kurz aufzuzeigen. Diese Kenntnis ist gerade auch für das Verständnis der strukturellen Veränderungen des kindlichen Alltags durch die Reduktion der Familiengröße wichtig.

Aus dem statistischen Rückgang der Geburtenquote schließen viele Autoren, dass Kinderhaben durch die heutige Vielfältigkeit konkurrierender Sinngehalte des Lebens und von alternativen Lebensentwürfen relativ an Bedeutung eingebüßt hat. Andere weisen darauf hin, dass die Erwerbsbeteiligung der Frauen – insbesondere seit Ende des Zweiten Weltkrieges – gestiegen sei und dass hieraus auf eine vermehrte Konsumorientierung der Eltern geschlossen werden könne, wodurch Kinder als zu starke ökonomische Belastung empfunden würden. Gegen diese einfachen und monokausalen Thesen sprechen jedoch eine Reihe von empirischen Forschungsergebnissen, auf die hier nicht im Einzelnen, sondern nur zusammenfassend eingegangen werden kann:

Die Erhebungen im Rahmen der „Value-of-Children-Studies" (dies sind interkulturell vergleichende bevölkerungswissenschaftliche Forschungen in Amerika, Asien und Europa) und familienökonomische Untersuchungen (vgl. hierzu Nauck und Kohlmann 1999: 53ff.; Nauck 2007: 615f.; 2011: 329f.) haben als Erste aufgezeigt, dass die sinkende Kinderzahl in der Familie nicht primär auf ökonomische Gründe oder gar auf eine mangelnde Kinderzuneigung zurückzuführen ist, sondern auf einen Funktionswandel von Kindern in der Familie.

Da diese Untersuchungen von austauschtheoretischen Prämissen ausgehen, wirkt ihre Begrifflichkeit für Nicht-Soziologen und Nicht-Ökonomen befremdend. So sprechen sie von „Nutzenerwartungen" an Kinder seitens der Eltern, von Stimulationskosten von Elternschaft (Nauck 2011: 346) oder von Kosten in den Eltern-Kind-Beziehungen usw. Dass wir ihre Begrifflichkeit als unpassend im Zusammenhang mit familialen Interaktions- und Entscheidungsprozessen empfinden, liegt aber nur daran, dass wir heute ganz bestimmte normative Ansprüche an die Elternrolle, vor allem an die Mutterrolle, stellen, die gerade frei sein sollten von Kosten-/Nutzen-Kalkulationen. Die negative Reaktion gegenüber der Begrifflichkeit zeigt also bereits die gewandelte Stellung des Kindes in der Familie an.

Nun zu den Ergebnissen: Alle diesbezüglichen Untersuchungen kamen zu dem gleichen Ergebnis, nämlich, dass insgesamt drei verschiedene Dimensionen im Hinblick auf die elterlichen Nutzenerwartungen an die Kinder feststellbar sind: Eltern verbinden mit ihren Kindern entweder materiellen und/oder psychologischen und/oder sozial-normativen Nutzen. Mit der letztgenannten Nutzenerwartung ist z. B. das Erhoffen eines Statusgewinnes durch das Kinderhaben oder bei Männern der Wunsch nach Vererbung des Familiennamens gemeint. Je niedriger nun der technische Industrialisierungsgrad eines Landes ist, umso eher werden materielle und sozial-normative Werte mit Kindern verknüpft; ihr konkreter Inhalt ist, je nach sozialer Schicht, unterschiedlich. Kinder werden als eine Art Alters- und Krankenversicherung betrachtet; die Mithilfe im Haushalt wird geschätzt; sie werden zur Betreuung von Geschwistern eingesetzt; die Weitergabe des Familienvermögens und öffentlicher Positionen spielt eine wichtige Rolle u. a. m. Umgekehrt gilt ebenso: Je höher der technische Industrialisierungsgrad eines Landes ist und ein kollektiver staatlicher Versicherungsschutz existiert, desto stärker werden mit Kindern allein immaterielle Werte verbunden, wie die Befriedigung emotionaler Bedürfnisse, z. B. die von Kleinkindern ausgehende expressive Stimulation; die Freude, sie aufwachsen zu sehen; das Zärtlichsein mit ihnen wird geschätzt u. a. m., und dazu reichen weniger Kinder aus.

Diese interkulturellen Befunde zeichnen zweifellos auch die historische Entwicklung des Funktionswandels von Kindern in unserem eigenen Kulturbereich nach: Kinder waren vor allem Träger materieller Güter und wurden – nicht wie heute – ausschließlich um ihrer selbst willen und/oder zur eigenen psychischen Bereicherung gewünscht und geplant. Die seit Mitte der 1970er-Jahre stark angestiegene familienhistorische Forschung hat inzwischen die These über die Verschiebung von materiellen zu immateriellen Werten von Kindern für unsere eigene Kultur bestätigt (Ariès 1975; Mitterauer 1989; Shorter 1977).

Der Funktionswandel von Kindern kann zwar die großen Unterschiede in der Geburtenzahl zwischen den Ländern der Dritten Welt und den Industriestaaten erklären, nicht aber die Differenzen zwischen den und innerhalb der europäischen Staaten.

Die Theorie der „new home economics" will dieser Frage nachgehen. Sie begründet den graduell unterschiedlichen Verlauf der Abnahme der Geburtenquote in Europa mit den unterschiedlichen „opportunity costs" von Kindern. Hier wird der zunehmenden Frauenerwerbstätigkeit insofern eine bestimmte Größe zugewiesen, als die Vertreter dieses theoretischen Ansatzes behaupten, dass ein Ansteigen der Frauenlöhne – relativ zu den Löhnen der Männer – die relativen Kosten einer durch die Geburt von Kindern bedingten Aufgabe der Erwerbstätigkeit vergrößern würde und dass dieser ökonomische Effekt Geburtenbeschränkungen zur Folge hätte (erstmalig Becker 1974). Tatsächlich haben sich bei uns im Zeitablauf die geschlechtsspezifischen Lohnunterschiede und die Geburtenziffern gleichzeitig verringert. Auch die Korrelation zwischen der geringen Kinderzahl und der Höhe der Berufsposition von Frauen scheint in die gleiche Richtung zu weisen. Dennoch: Dieser statistische Beweis reicht insofern nicht aus, weil mit derartigen Zeitreihenanalysen u.U. Drittfaktoren nicht mit erfasst werden; m.a.W.: Beide Trendverläufe brauchen in keinem ursächlichen Verhältnis miteinander zu stehen, können aber auf die gleichen verursachenden Bedingungen zurückzuführen sein.

Ferner belegen andere Untersuchungen, dass der ökonomische Faktor nur einer unter anderen ist, die die Geburtenzahl in den Industrieländern beeinflussen (vgl. Höpflinger 1987; Buhr und Kaufmann 1989). So haben sich als weitere und sich gegenseitig beeinflussende Bedingungen der Bestimmung der Familiengröße das Alter der Ehepartner, die Art der Partnerbeziehung, die Erfahrung mit Kindern sowie die Berufsorientierung der Frau erwiesen; nach Schröder käme „der langfristigen Karriereorientierung und den Opportunitäten … durchaus eine wichtige Rolle zu" (Schröder 2010: 221). Nauck betont zudem: „Bezogen auf den Stimulationsnutzen von Elternschaft, der wegen seines kurzfristigen Erwartungshorizontes von besonderer Bedeutung ist, gilt sicher, dass Elternschaft eines der ‚letzten Abenteuer' ist: Die Entscheidung hierzu ist außerordentlich konsequenzenreich für den weiteren Lebensverlauf und der Ausgang birgt große Ungewissheiten. Damit dieses Abenteuer gemeistert werden kann, bedarf es besonderer, spezifischer Kompetenzen und eines entwickelten Selbstvertrauens" (2011: 346).

Kaufmann führt (wie erwähnt) die gegenwärtig geringe Geburtenzahl auf die Wirksamkeit eines Normenkomplexes „verantworteter Elternschaft" zurück. Dieser beinhaltet nach Kaufmann einerseits die Erziehungsverantwortung der leiblichen Eltern, jedoch andererseits die Norm, Kinder nur dann zur Welt zu bringen, wenn man glaubt, dieser Verantwortung tatsächlich gerecht werden zu können (1988: 395), und zwar auch in ökonomischer Hinsicht. Aus der Dialektik zwischen z.Zt. gültigen hohen Ansprüchen an die Kindererziehung bei gleichzeitiger ökonomischer Benachteiligung kinderreicher Familien resultiere die geringere Kinderzahl pro Familie. Hierauf würden auch die Entscheidungen zu Abtreibungen seitens der Frauen beruhen: „Es liegt in der Konsequenz einer sozialen Wirksamkeit dieser Norm, wenn heute die Aufforderung an Frauen, ein ‚unerwünschtes' Kind auszutragen und es dann zur Adoption freizugeben, auf so geringe Resonanz stößt" (Kaufmann 1988: 395).

Zusammenfassend ist festzuhalten, dass sich die Bevölkerungswissenschaftler heute darüber einig sind, dass der Geburtenrückgang von einem Funktionswandel von Kindern und durch eine Veränderung des Selbstverständnisses von Eltern ausgelöst wurde; hierauf wird im nächsten Abschnitt nochmals eingegangen. Sie betonen ferner übereinstimmend, dass es sich bei der Beschränkung der Kinderzahl in der Familie um ein multifaktorielles Bedingungsgeflecht handelt und dass demzufolge monokausale Erklärungen – wie die eingangs zitierten – den vielfältigen Entscheidungsprozess nicht ausreichend erklären, der – wie z.B. Urdze und Rerrich bereits 1981 gezeigt haben – so rational nicht immer abläuft.

Der Geburtenrückgang in der Bundesrepublik Deutschland ist also nur zum geringen Teil auf eine grundsätzliche Ablehnung von Familie und damit von Kindern zurückzuführen. Gegen diese Behauptung könnte jedoch der Anstieg der Quote an kinderlosen Ehen sprechen. Doch – wie wir in unserer eigenen Untersuchung bereits 1988 feststellen konnten – ist bei kinderlosen Ehepaaren überwiegend der Wunsch nach Kindern gegeben. Die Daten dieser und auch weiterer, späterer Erhebungen (Nave-Herz 1988; Onnen-Isemann 1995: 473 ff.; Onnen-Isemann 2000) zeigen nämlich, dass die medizinisch bedingten Gründe für die Kinderlosigkeit am Anfang der Ehe selten sind. Die bewusst gewählte Kinderlosigkeit herrscht zwar vor, aber nicht die bewusst gewollte lebenslange kinderlose Ehe wird angestrebt, sondern die befristete geplante Kinderlosigkeit, m.a.W.: Sehr viele Ehepaare schieben die Realisierung ihres Kinderwunsches nach ihrer Eheschließung zunächst auf. Das kann aber dann – wie der Vergleich zwischen den Gründen am Anfang der Ehe und zum Befragungszeitpunkt zeigt – zu einer unfreiwilligen Kinderlosigkeit führen. Zwischenzeitliche Veränderungen, wie Unfall, Krankheit oder das Alter, lassen die Einlösung des Kinderwunsches dann nicht mehr zu, oder aber – sehr viel seltener – wird die Kinderlosigkeit aufgrund eines Gewöhnungseffektes nunmehr bewusst gewollt. Hinzu kommt, dass einige Ehepaare erst bei Änderung ihrer Einstellung zum Kinderwunsch feststellten, dass schon immer bei ihnen eine medizinisch bedingte Kinderlosigkeit vorlag. In der Literatur wird zwar immer von der Planbarkeit von Kindern durch die Antikonzeptiva gesprochen, aber nicht davon, dass gleichzeitig die organisch bedingte Kinderlosigkeit für die Betroffenen „unsichtbar" wird; d.h. einige unserer befragten Ehefrauen hätten genauso gut jahrelang auf alle Chemikalien verzichten können.

2006 wurden Ergebnisse einer repräsentativen Erhebung, durchgeführt im Auftrag des Bundesinstituts für Bevölkerungsforschung, Wiesbaden, unterstützt von der Robert-Bosch-Stiftung, in vielen Presseberichten dahingehend präsentiert, dass „jeder vierte Mann und jede siebte Frau sich grundsätzlich für ein kinderloses Leben entscheiden" (z.B. Weert; in: Die Welt vom 30.6.06; ähnlich NWZ Nr. 149: 3). Die Untersuchung zeigt zwar, dass die gewünschte Kinderzahl in Deutschland niedrig ist (Männer = 1,59, Frauen = 1,75 Kinder), aber nicht, dass die Befragten selbst überhaupt keine Kinder, d.h. kinderlos bleiben, wollen. Die diesbezügliche Frage, gestellt an alle 18- bis 79-Jährigen, nämlich ob sie dem Statement zustimmen würden („Ich glaube, dass man auch ohne Kinder glücklich sein kann"), misst lediglich die heutige Akzeptanz von Kinderlosigkeit in der Bevölkerung – und nicht ihre eigene Priorität in Bezug auf die gewünschte Lebensform.

Doch zurück zum Thema: Wandel des Familienalltags aufgrund der geringeren Kinderzahl in den Familien!

Für die wenigen Kinder pro Familie werden heute – wie sozialhistorische Forschungsergebnisse zeigen (vgl. z.B. Schumacher 1988) – wesentlich mehr Leistungen seitens der Mütter mobilisiert als früher, sowohl was die Intensität der Beziehungen als auch die ökonomischen Aufwendungen und den zeitlichen Umfang für die Betreuung der Kinder anbetrifft. Der Zeitaufwand für die Kinderbetreuung überwiegt gegenüber allen anderen Zeitanteilen für private Zwecke (BMFSJ 2009: 22).

Auch Schütze kommt aufgrund ihrer Analyse der Veränderungen im Eltern-Kind-Verhältnis seit der Nachkriegszeit zu dem Schluss, dass den „immer weniger Kindern immer mehr Aufmerksamkeit" seitens der Eltern zuteil geworden ist (Schütze 1988a: 95ff.; vgl. auch Schütze 2002).

Eichler gelangte bereits 1982 aufgrund einer historischen Analyse zu dem Ergebnis, dass sich die familiale Erziehungsaufgabe und die hauswirtschaftlichen Tätigkeiten in den letzten Jahrzehnten in gegensätzliche Richtungen verändert haben: Während die Technisierung des Haushalts Zeitersparnis gebracht habe (trotz aller gestiegenen Qualitätsanforderungen), wäre die Erziehungsaufgabe zeitintensiver geworden, eine Folge der heute höheren Erwartungen an die Elternrolle und des Angewiesenseins der Kinder auf die Eltern wegen fehlender Geschwister.

Es ist also heutzutage für Kinder eine typische Erfahrung, in den ersten Lebensjahren nur in enger Beziehung mit Erwachsenen – vornehmlich allein mit den Eltern – und nicht mit anderen Kindern aufzuwachsen.

Die Kindzentrierung der Eltern fällt nun zeitgeschichtlich zusammen mit der Abnahme der Kinderzahl pro Familie, was als Ursache, aber auch als Folge deutbar ist; jedenfalls ist ein derart hohes Leistungspotenzial seitens der Eltern – vornehmlich der Mutter – an die Kinder nur für wenige zu erbringen möglich.

Ferner bringt insbesondere die Ein-Kind-Situation das Kind in eine Minoritätenstellung innerhalb des gesamten Familienverbandes (also einschließlich der beiden Großeltern-Familien). Gegenüber Minoritäten aber – so lautet eine alte und wohl bekannte These in der Sozialpsychologie (Hofstätter 1959: 373 ff.) – verhält sich die Umwelt selten neutral: Sie nehmen entweder eine unterprivilegierte Stellung ein oder sie genießen eine besondere Wertschätzung und Aufmerksamkeit. Kinder scheinen aber nun im Verwandtenverband wegen ihrer geringen Zahl zum „kostbaren Gut" bei uns zu werden, denen man „das Beste" (was immer der Einzelne darunter verstehen mag) zukommen lassen möchte. So positiv diese Situation für das Kind zunächst erscheint, kann diese jedoch durch Verwöhnungseffekte auch zu Defiziten in seiner Entwicklung führen.

Das Fehlen von Geschwistern hat weiterhin für die zweite Generation zur Folge, dass immer mehr Kinder keine Seitenverwandten besitzen (Tante und Onkel, Vettern und Cousinen). Sie haben dafür heute die Chance – wie bereits betont – wegen der gestiegenen Lebenserwartung eher ihre Großeltern, und vor allem auch ihre Großmutter (früher hatte der Großvater bessere Überlebenschancen und erlebte deswegen eher seine Enkel als die Großmutter), und ihre Urgroßeltern zu erleben. Frauen hatten wegen des hohen Geburtenrisikos eine geringe Lebenserwartung. Die Abnahme der horizontalen und die Zunahme der vertikalen Verwandtschaftslinien ist – wie bereits in Kap. 2.3 betont – im Übrigen eine historisch völlig neue Erscheinung und wird in nächster Zukunft – verbunden mit der geringen Geschwisterzahl – u.U. Auswirkungen auf die Vermögensbildung durch Vererbung bringen (vgl. Nave-Herz 2008).

Der Geburtenrückgang hat ferner bewirkt, dass es häufig an einer nachbarschaftlichen Spielgruppe für die Kinder mangelt, und dadurch ist das Einzelkind heute nicht nur in der Familie, sondern auch in der nächsten Umgebung allein.

Dagegen könnte eingewandt werden, dass aus einer Reihe von empirischen Untersuchungen hervorgeht, dass Paare, die Kinder erwarten, und junge Familien aus den Innenstadtbezirken an den Stadtrand oder in die nächsten kleineren Ortschaften von Großstädten ziehen, weil sie sich dort bessere Lebens- und Wohnungsbedingungen für ihre Kinder erhoffen. Damit sind die Innenstadtbezirke fast „kinderleer" (Stat. Bundesamt vom 3.8.2011: 14). Dennoch bleibt festzuhalten – trotz regionaler Unterschiede und mit Ausnahme einiger weniger Neubaugebiete –, dass es für viele Kinder keine Nachbarschaftskinder in der unmittelbaren Umgebung heutzutage gibt.

Dadurch wird es nunmehr notwendig, Kinder überhaupt miteinander in Kontakt zu bringen. Spielgruppen müssen organisiert werden, weil sich das Spielen nicht mehr spontan in geschwisterlichen und/oder nachbarschaftlichen Spielgruppen vollziehen kann. So werden sie bereits schon in frühen Jahren in Krabbel- und Kinderkreise gebracht und mit steigendem Alter in zweckrationale Gruppen: in Schwimm-, Mutter-Kind-Gymnastik- und Turn- sowie Musik-, Tanz-, Mal- und sonstige Kurse, wodurch sie frühzeitig lernen müssen, sich in unterschiedlichen Rollenkontexten kompetent und autonom zu verhalten.

Der Partizipationsgrad an derartigen Kursen korreliert mit der sozialen Schicht – vor allem auch mit dem Bildungsniveau der Mutter – (Alt 2009: 34).

Durch die zunehmende Pädagogisierung und die damit verbundene Institutionalisierung von Kindheit wurden die Mütter auch immer stärker zu Transporteurinnen ihrer Kinder, die sie von einer „Insel" (Bertram 1988) zur anderen bringen und ferner die Probleme der Zeitorganisation für ihre Kinder lösen müssen.

Rabe-Kleberg und Zeiher haben in ihrem Aufsatz „Kindheit und Zeit" belegt, wie seit Ende der 1960er-Jahre das Eindringen moderner Zeitorganisation (Regelhaftigkeit, Vorplanung, Zeitökonomie) in die Lebensbedingungen von Kindern erfolgte. Sie schreiben wörtlich: „Ein Symptom dafür ist, daß die Verbreitung von Uhren unter Kindern und das Erlernen des Umgangs mit Uhren seit einigen Jahren bedeutend früher stattfindet – zumeist schon im Kindergarten und in den Vorklassen – und mit Beginn der Schulzeit für alle Kinder selbstverständlich ist. Die Kinder erlangen mit dem Besitz der

Uhr oder zumindest mit der Fähigkeit, dieses Instrument als Zeitkontrolle für sich zu nutzen, auch ein Stück Autonomie. Waren sie bis dahin den Eingriffen der Erwachsenen in ihr Handeln unmittelbar und für sie unvorhersehbar ausgesetzt, so werden jetzt zumindest die organisatorisch begründeten Unterbrechungen absehbar und planbar. In Besitz und Kenntnis der Uhr können Kinder versuchen, für sich akzeptable Bedingungen auszuhandeln und ihr Handeln darauf einzurichten" (1984: 35). Für die etwas älteren Kinder hat das Handy diese Funktion übernommen (Feldhaus 2004).

Auf die Gefahren der zunehmenden Pädagogisierung von Kindheit – vor allem während der Kleinkindphase – haben Erziehungswissenschaftler immer wieder hingewiesen. So bedeutet die Pädagogisierung, die Institutionalisierung und die „Verinselung von Kindheit", dass Kinder in relativ frühem Alter – je nach Aufgabenstellung – mit sehr unterschiedlichen Personengruppen zu tun haben, die keineswegs immer untereinander in Verbindung stehen. Die traditionelle ganzheitliche Erfahrung der Kinder wird ersetzt durch die Erfahrung mit unterschiedlichen gesellschaftlichen Gruppen und Personen.

Aber Kinder brauchen ganzheitliche Erfahrung und machen ihre Erfahrungen ganzheitlich (vgl. Liegle 1987: 34). Die Geschwister- und Nachbarschaftsgruppe bot ihnen diese Möglichkeit, indem sie hier nicht als „Rollenträger" – wie in zweckrationalen Gruppen – fungierten.

4. Zum zeitgeschichtlichen Wandel der Mutter- und Vater-Rolle

Soziale Rollen sind nach der bekannten Definition von Dahrendorf (1961: 22) ein Bündel von Erwartungen, die sich in einer gegebenen Gesellschaft an das Verhalten der Träger von Positionen knüpfen. Der Rollenbegriff geht damit von typifizierten Erwartungen aus, d. h. auf dem Wege der Entindividualisierung werden Einstellungs- und Verhaltensmuster zu „Rollen" herausgehoben und stilisiert. Popitz (1972: 8) hat ferner darauf hingewiesen, dass Rollen aus zwei umfassenden Begriffen ableitbar sind: aus sozialer Normierung und sozialer Differenzierung, genauer: aus einer bestimmten Verknüpfung beider Begriffe. Durch die sozialen Rollen „Mutter" und „Vater", einem zunächst biologischen Tatbestand, erfährt also die Gesellschaft eine soziale Differenzierung, die normativ abgesichert ist. Denn die biologischen Unterschiede werden zum Anlass der Rechtfertigung dieser sozialen Differenzierung durch die Zuschreibung von Eigenschaften und Fähigkeiten je nach Geschlecht und damit zur Legitimation der geschlechtsspezifischen Arbeitsteilung genommen. Diese wies – wie bereits in Kap. 2.1 betont – dem Mann in einer Vater-Rolle die Zuständigkeit für den familialen Außenbereich und die Aufgabe der ökonomischen Sicherstellung der Familie zu, den Frauen in einer Mutter-Rolle den familialen Innenbereich und somit die Pflege und Erziehung der Kinder.

Dieses strukturelle Tauschverhältnis zwischen den Eltern hat seit den 1970er-Jahren immer mehr an Akzeptanz verloren.

Ob mit dieser Veränderung auch die Differenzierung zwischen der Vater- und der Mutter-Rolle an Trennschärfe im Laufe der Zeit verloren hat und welche Auswirkungen hiermit im Hinblick auf die familiale Sozialisation verbunden gewesen ist, soll im Folgenden geprüft werden.

4.1 Die gestiegene Erwerbstätigkeit von Müttern

Die Erwerbsbeteiligung von Frauen zeigt seit 1882, als die ersten umfassenden amtlichen Statistiken erstellt wurden, eine relative Kontinuität auf. Verändert aber hat sich, vor allem auch während der letzten 30 Jahre, die Zahl der erwerbstätigen Mütter. Ihr Anteil ist ständig gestiegen: War 1950 erst jede vierte Mutter mit Kindern unter 18 Jahren erwerbstätig, so war es 1961 jede dritte. Nunmehr sind fast 3/4 aller Mütter mit Kindern unter 18 Jahren erwerbstätig. Selbst von den Müttern mit Kindern unter sechs Jahren geht ca. 60 % einer Erwerbstätigkeit nach, weit höher ist ihr Anteil in Ostdeutschland (63 % zu 57 %; Rübenach 2010). Selbstverständlich schwankt ihr Anteil im Hinblick auf die Zahl der Kinder und nach Familienstand. Am häufigsten sind alleinerziehende Mütter erwerbstätig. Wechselt man die Perspektive von den Müttern auf die Kinder, so zeigt die Tabelle 1, dass sich in den letzten 10 Jahren jedoch nicht sehr viel verändert hat: 2010 gehen von 51 % der minderjährigen Kinder in Paarfamilien beide Eltern einer Erwerbstätigkeit nach (2000 = 50,4 %) und von den unter Dreijährigen 27,9 % (2000 = 26,9 %). Angestiegen ist seit 2000 der Anteil der Minderjährigen, die in Paarfamilien leben, bei denen keiner der Elternteile einer Arbeit nachgeht: 6 %, nunmehr 11 %.

In Bezug auf die Erwerbstätigkeit von Müttern sind ebenso die West- und Ost-Differenzen erheblich. Ostdeutsche Minderjährige in Paarfamilien hatten etwas häufiger als westdeutsche zwei erwerbstätige Elternteile (55 % zu 51 %), und diese waren viel häufiger vollzeiterwerbstätig (49 % zu 17 %). Für West-Deutschland gilt häufiger als für Ost-Deutschland das Modell der Kombination von einem voll- und einem teilzeitberufstätigen Elternteil.

Was die Alleinerziehenden anbetrifft, hatten die ostdeutschen Minderjährigen 2010 seltener eine erwerbstätige Mutter (53 % zu 61 %), diese waren dann aber häufiger vollzeitbeschäftigt (56 % zu 41 %; Stat. Bundesamt vom 3.8.2011: 18/19).

Diese genannten Zahlen sind der amtlichen Statistik entnommen und das bedeutet, dass bestimmte Gruppen erwerbstätiger Frauen und Mütter nicht erfasst sind, nämlich jene, die z.B. in Privathaushalten Schwarzarbeit leisten, und alle arbeitssuchenden. In Wirklichkeit ist also der Anteil weit höher als in Tabelle 1 ausgewiesen.

In den neuen Bundesländern ist – trotz ihrer derzeitigen hohen Arbeitslosenquote – auch heute die Erwerbstätigenquote von Müttern höher als in den alten Bundesländern. Mütterliche Erwerbstätigkeit war hier viel stärker zu einem kulturellen (und politischen) Selbstverständnis geworden und ist es auch über „die Wende" hinweg geblieben (vgl. Sommerkorn und Liebsch 2002; Güchel 2011: 22).

In der alten Bundesrepublik Deutschland ist trotz des Anstiegs erwerbstätiger Mütter die Differenz zu anderen Industriestaaten geblieben. Im internationalen Vergleich hatte (und hat) sie eine sehr geringe Quote erwerbstätiger Mütter. Es ist zu vermuten, dass sich kulturelle Traditionen bei uns länger erhalten haben bzw. noch bestehen (erwerbstätige Mütter wurden lange Zeit in Deutschland, beginnend im vorigen Jahrhundert, negativ stigmatisiert; vgl. Sommerkorn 1988; Sommerkorn und Liebsch 2002; Nave-Herz 2011). Der Einfluss der Kirchen, die an einem traditionellen Familienleitbild orientiert sind, war größer. Auch ist dieser Sachverhalt auf strukturelle Bedingungen, vor allem zu der auf die bei uns gegebenen Halbtagsschulen, die es sonst in Europa kaum gibt, zurückzuführen.

Am Thema der Erwerbstätigkeit von Müttern lässt sich besonders augenscheinlich festmachen, wie sich nicht nur die soziale Realität selbst im Zeitverlauf änderte und die öffentliche Einstellung zu eben dieser Realität einem Wandel unterlag, sondern wie sich inhaltlich auch die wissenschaftlichen Fragestellungen verschoben haben . So wurde bis in die 1970er-Jahre hinein überwiegend nur den Fragen nach möglichen Defiziten im Sozialisationsprozess der Kinder infolge der Erwerbstätigkeit der Mütter nachgegangen. Nach Schütze stützte sich die Forschung jener ersten Epoche weitgehend auf die Geschlechtercharaktertheorie des 19. Jahrhunderts; und in der zweiten Phase (späte 1960er bis Ende der 1970er-Jahre) dominierte die teilweise psychoanalytisch, teilweise ethologisch begründete Bindungstheorie. Die Untersuchungen über die Gründe der Erwerbstätigkeit von Müttern in jener Zeit (z.B. Pfeil 1961 und 1974) zeigen aber bereits eine Problemverschiebung an. Die dritte – Anfang der 1980er-Jahre einsetzende und noch andauernde – Phase steht „im Zeichen einer Theorie weiblicher Individualisierung" (Schütze 1988b: 114), d.h. die Untersuchungsfragen werden auf dem Hintergrund einer Theorie gestellt, die den – seit Beginn der bürgerlichen Gesellschaft erhobenen – allgemeinen Anspruch auf individuelle Lebensplanung auf seine Realisierung für Frauen hin prüft.

Aufgrund zahlreicher Untersuchungen wurde die heutige „Doppelorientierung als integrativer Bestandteil des Lebensentwurfs von

Tabelle 1: Minderjährige Kinder in Paarfamilien – darunter Kinder unter 3 Jahren – in Deutschland nach Erwerbsbeteiligung der Eltern in %

Erwerbsbeteiligung der Eltern	2000		2010	
	zusammen	darunter: Kinder unter 3 Jahren	zusammen	darunter: Kinder unter 3 Jahren
Insgesamt	100	100	100	100
Beide Elternteile aktiv erwerbstätig	50,4	26,9	51,2	27,9
Nur ein Elternteil aktiv erwerbstätig	43,5	65,7	37,8	57,8
Kein Elternteil aktiv erwerbstätig	6,1	7,4	11,0	14,4
Beide Elternteile aktiv erwerbstätig	100	100	100	100
Ein Elternteil vollzeittätig und ein Elternteil teilzeittätig	64,2	60,0	74,7	70,3
Beide Elternteile vollzeittätig	34,3	38,2	22,1	25,9
Beide Elternteile teilzeittätig	1,5	1,8	3,2	3,9
Nur ein Elternteil aktiv erwerbstätig	100	100	100	100
Elternteil vollzeittätig	94,5	96,6	85,3	90,3
Elternteil teilzeittätig	5,5	3,4	14,7	9,7

Quelle: Stat. Bundesamt vom 3. 8. 2011.
Ergebnisse des Mikrozensus – Bevölkerung in Familien/Lebensformen am Hauptwohnsitz. Abweichungen in den Summen sind rundungsbedingt.

Frauen", vor allem auch von Müttern, beschrieben. Diese Doppelorientierung führte aber gleichzeitig zu einer besonderen Problematik im Lebenszusammenhang von Frauen, worauf Becker-Schmidt bereits 1980 hingewiesen hat und was heute noch immer gilt: Weder Arbeitswelt noch Familie nehmen Rücksicht auf den jeweils anderen Bereich. Der Beruf erfordert den Einsatz der ganzen Person, die sich zu Hause regeneriert. Diese Möglichkeit ist der Frau jedoch verwehrt, da sie angesichts fortbestehender geschlechtsspezifischer Arbeitsteilung (vgl. Kap. 4.3) auch heutzutage noch überwiegend für den häuslichen Bereich verantwortlich ist. Für sie gilt: Beides zu vereinigen ist zu viel, aber nur auf einen Bereich verwiesen zu sein, ist zu wenig (Becker-Schmidt 1980: 718).

Die These über die heutige Doppelorientierung der Frauen hat zu der Forderung nach einer familienfreundlicheren Arbeitswelt geführt, um die Partizipation von Müttern *und* Vätern sowohl am Familien- als auch am Arbeitsleben zu ermöglichen. Trotz dieser über 20 Jahre lang öffentlich geführten Diskussion hat sich bislang in der Praxis wenig geändert, abgesehen von politischen Appellen, wissenschaftlichen Gutachten, Modellversuchen, teilweiser Einführung neuer Arbeitszeitmodelle, von familienpolitischen Gesetzen und Maßnahmen (z. B. das Elterngeld) usw. (vgl. hierzu: BMFSFJ 2008). Das zitierte Dilemma, in dem sich die Mütter befinden, wurde nicht gelöst.

Viele Frauen versuchen durch Teilzeitarbeit diesem Dilemma zu entgehen, was sich für sie aber im Falle einer Ehescheidung durch das neue Unterhaltsgesetz zum Nachteil auswirken kann (hierauf wird später noch eingegangen).

Durch ihre Doppelorientierung haben sich die Frauen aber auch den Vorwurf des Egoismus gegenüber ihren Kindern eingehandelt. So wurde in einer Debatte des Bundestages Anfang der 1980er-Jahre ernste Sorgen über die Familie zum Ausdruck gebracht. Ihr Stellenwert in unserer Gesellschaft sei gering, ideologisch werde sie abgewertet und gerade auch von vielen Frauen mißachtet. Mehrere Sprecher deuteten an, wichtigster Urheber der heutigen Familienprobleme sei die Frauenemanzipation. Zu viele Frauen, so wird auch in der weiteren Öffentlichkeit oft gesagt, seien zu sehr auf ihre Selbständigkeit bedacht, zu egozentrisch, zu wenig bereit, sich den Ansprüchen der Familie unterzuordnen. Damit trügen sie dazu bei, die Familie zu schwächen. Ihre Emanzipationswünsche gingen zu Lasten der Familie, in erster Linie zu Lasten der Kinder. Vor allem die Erwerbstätigkeit von Frauen und generell ihr Verlangen nach

Unabhängigkeit seien verantwortlich für zahlreiche bedrängende Nöte: Anstieg der Scheidungsraten, Geburtenrückgang, Verhaltensstörungen von Schulkindern, Jugendkriminalität. Die Frauenemanzipation, so eine geläufige Schlußfolgerung, habe für die Familie mehr Nachteile als Vorteile gebracht.

Erneut wurde der Vorwurf, frauenpolitische Belange vor den Grundsatz des Kindeswohls zu stellen, nach der Wiedervereinigung laut und zwar im Rahmen der Diskussion um den Erhalt der Kinderkrippen in der DDR. So schrieb Pechstein in einer Informationsschrift an die Abgeordneten des Deutschen Bundestages, der DDR-Volkskammer und der Bundesländer 1990: „Mit solchen Forderungen (nach Erwerbstätigkeit und nach Kinderkrippen/Nave-Herz) wird eine irreführende und gegenüber den kleinen Kindern als der schwächsten, wehrlosesten Minderheit der Gesellschaft unverantwortliche Stimmungsmache" betrieben (1990: 12f.). „Vielfach wird in diesem Zusammenhang fälschlich von den unerledigten Relikten des Emanzipationsprozesses der Frau ausgegangen" (1990: 13). Und er fährt fort: „Krippen bleiben indessen, auch dort, wo sie für Elternteile in Notsituationen hilfreich sind, Institutionen der Gefährdungsbetreuung" (1990: 33).

Derartige Aussagen wurden bereits vehement vor fast 30 Jahren vertreten und vor allem in der Diskussion in den 1970er-Jahren über das damals durchgeführte und vom (damaligen) Bundesministerium für Jugend, Familie und Gesundheit finanziell unterstützte Tagesmutter-Modellprojekt von seinen Gegnern verfochten. Leider sind immer noch – auch gegenwärtig – derartige negative Abwertungen gegen die – wie es in diesen Veröffentlichungen zuweilen genannt wird – „Outsourcing familiärer Aufgaben" zu lesen (z.B. Gaschke 2000: 24; 2001). Andere Autoren vertreten ebenso die These der „Tendenz zur Vermarktlichung der Familie" durch die zunehmende Auslagerung der Erziehung; listen aber Vor- und Nachteile dieser Entwicklung auf (Albrecht 2002). Andere wiederum betonen, dass es mittlerweile eine Selbstverständlichkeit wäre, dass Kinder ergänzend zur Familie öffentlich betreut werden. Der neue politische Gestaltungswille würde eine Aufbruchsstimmung für einen qualitativen und quantitativen Betreuungsausbau insbesondere in Westdeutschland erzeugen (Heitkötter 2009:18). In der Tat wird politischerseits zur Zeit eine frühe institutionelle Kinderbetreuung gefordert und gefördert, insbesondere mit dem Argument der Chancengleichheit in Bezug auf die spätere schulische Leistung, aber auch im Hinblick auf den Arbeitsmarkt (vgl. Ostner

2002: 249 ff.). Doch gleichzeitig zeigen weiterhin demoskopische Umfragen, dass die Mehrheit der westdeutschen Bevölkerung, nämlich über 70 %, der Ansicht ist, dass sich Mütter während der Kleinkindphase allein um ihr Kind kümmern und keiner Erwerbstätigkeit nachgehen sollten (Gerhards und Hölscher 2003: 214). Eine Gefährdung des Sozialisationsprozesses ihres Kindes wird ansonsten prognostiziert.

Dagegen liegen inzwischen zahlreiche empirische Untersuchungen und theoretische Abhandlungen über den sozialhistorischen Wandel der Mutter-Rolle und über die Folgen der mütterlichen Erwerbstätigkeit für ihre Kinder vor, die zeigen, dass die pauschale Abwertung, wie sie aus den zuvor wiedergegebenen Zitaten zu entnehmen ist – sowohl gegenüber der mütterlichen Erwerbstätigkeit als auch gegenüber der institutionellen Kleinkindbetreuung – nicht haltbar ist. Über diese Ergebnisse kann wegen ihrer Vielzahl im Folgenden nur zusammenfassend referiert werden.

4.2 Mütterliche Erwerbstätigkeit und mögliche Auswirkungen auf das Kind

Die psychisch gesunde Entwicklung von Säuglingen und Kleinkindern – so wurde lange, selbst in der Wissenschaft (Pechstein 1990: 25) argumentiert – ist nur dann gewährleistet, wenn das Kind in den ersten drei Jahren unter ausschließlicher Pflege und Obhut der Mutter heranwächst, weil nur diese Daseinsform ihm die notwendige Sicherheit und die Entwicklung von Bindungsfähigkeit ermöglicht.

Ein Blick zurück in unsere Geschichte zeigt jedoch, dass die heutige exklusive Mutter- (evtl. noch: Vater-)Kind-Beziehung und damit primäre Bindung an eine Person eine neuartige Erscheinung ist. Auch die Versorgung des Kleinstkindes durch seine Mutter ist – historisch gesehen – ein völlig neues Phänomen (vgl. Ariès 1975; Shorter 1977: 196 ff.; Nave-Herz 2012). Mitterauer schreibt: „Fragt man nach säkularen Prozessen des Wandels in den Eltern-Kind-Beziehungen im Verlauf der europäischen Neuzeit, so ist nach Altersstufen der Kinder zu differenzieren. Von den Trends der Familienzusammensetzung her lässt sich für die Kleinkindphase sagen, daß es zu einer stärkeren Konzentration auf bloß zwei Bezugspersonen gekommen ist. In Haushalten des traditionalen Europas haben vor allem Dienstboten und ältere Geschwister für die Kindererziehung eine sehr große Rolle gespielt" (1989: 190). Dennoch sind doch wohl nicht alle unsere Vorväter und -mütter psychisch gestörte und/oder bindungsschwache Menschen gewesen, wie aus dem einleitenden Satz zu diesem Kapitel ableitbar wäre.

Die Autoren, die eine Erwerbstätigkeit der Mütter im Hinblick auf die Kinder ablehnen, berufen sich auf Forschungsergebnisse, die zeigen, dass das Nicht-Zustandekommen einer Bindung in der frühen Kindheit, vor allem jedoch der plötzliche Abbruch einer bereits entstandenen und gelungenen Bindung zu einer erwachsenen Person (zumeist zur Mutter) zu psychischen Störungen, z. B. zu Trennungsängsten und Verlusterfahrungen führen kann. Diese Beobachtungen hat vor allem Spitz an Säuglingen, die Heimen übergeben worden waren, als „Hospitalismusschäden" beschrieben. Da aber mütterliche Erwerbstätigkeit keine abrupte und totale Trennung zwischen Mutter und Kind bedeutet, ist die Übertragung dieser Forschungsergebnisse auf die Beziehung zwischen erwerbstätigen Müttern und ihren Kindern unzulässig (zur Bedeutung der frühen Mutter-Kind-Bindung vgl. Hopf 2005).

Ewert betont, dass zwar der Mutter im Laufe des ersten Lebensjahres in unserer heutigen Gesellschaft eine sehr wichtige Position zukommt, dass sie deshalb aber noch keinen „Alleinvertretungsanspruch" besäße und dass gerade dann, „wenn erste verläßliche Bindungen geknüpft sind, der Säugling und erst recht das Kleinkind seine soziale Umwelt schon erkundet und eine Hierarchie von Bezugspersonen aufbaut, mit denen es in Kontakt tritt und von denen es sich trösten läßt ... Bindung verweist auf Ablösung. Beide sind für die gesunde seelische Entwicklung wichtige Prozesse" (1991: 13; vgl. zu diesem Thema auch die detaillierte, abwägende und kritische Darstellung der vielfältigen Untersuchungsergebnisse in: Hoffmann 2002: 71 ff.).

Ferner haben die zahlreichen Forschungsergebnisse inzwischen gezeigt, dass eine eindimensionale Betrachtungsweise den höchst komplexen Sozialisationsprozess nicht erfassen kann und dass Erwerbstätigkeit der Mutter per se nichts über Risiken – ebenso nichts über Chancen – für den Entwicklungsprozess ihres Kindes aussagt. Relevant sind: der Grund der Erwerbstätigkeit der Mutter, ihre Einstellung zur Berufsarbeit, die Arbeitsbedingungen und -zeiten, die Einstellung des Ehemannes zur Erwerbstätigkeit seiner Frau, die Qualität der Ersatzbetreuung, die Einstellung der Betreuerin oder der Betreuerinnen zu ihrer Tätigkeit usw. Viele Bedingungen also, die sich gegenseitig kompensieren oder auch verstärken können, bestimmen die kindliche Entwicklung und nicht ein einzelner Faktor. Und Gleiches gilt im Hinblick auf die Mütter als „Ganztags-Hausfrauen". Auch hier ist zu berücksichtigen: die mütterliche Zufriedenheit und die Einstellung der Mutter zur Hausfrauenrolle, die Einstellung des Mannes zur Nichterwerbstätigkeit seiner Frau, evtl. ökonomische Belastungen u.a.m. (vgl. zusammenfassend Hoffmann 2002: 71 ff.).

Insgesamt kommt es vor allem darauf an, ob die betreffende Mutter freiwillig oder unfreiwillig zu Hause bleibt und ob sie tatsächlich den Wunsch hat, arbeiten zu gehen oder lieber bei ihren Kindern bleiben würde. Im ersten Fall kann es zu ausgesprochenen Vorwurfshaltungen gegenüber dem Kind kommen; im zweiten Fall könnte die Mutter-Kind-Beziehung mit Schuldgefühlen belastet werden (Holtappels und Zimmermann 1990: 158).

Im Jugendalter der Kinder kommt noch ihre Einstellung zur Erwerbstätigkeit ihrer Mutter hinzu, die sie aber zeitgeschichtlich zunehmend bejahen (vgl. Altermann-Köster et al. 1992: 46) und die von den Kindern in den neuen Bundesländern noch stärker positiv akzeptiert wird als in den alten.

Schon 1956 (deutsche Erstveröffentlichung: 1960) haben Myrdal und Klein, anerkannte Expertinnen in Bezug auf die Auswirkungen mütterlicher Erwerbstätigkeit, ihre Analyse zusammengefasst: „Es kann gar nicht genug betont werden, daß der allerwichtigste Faktor bei der Erziehung des Kleinkindes die Einstellung und Persönlichkeit der Mutter ist und nicht etwa die Länge der Zeit, die sie mit ihrem Kind verbringt" (1962: 166).

Selbstverständlich ist der Eingewöhnungszeit in eine zusätzlich neue Umgebung Aufmerksamkeit zu widmen und ein dauernder Wechsel der neu hinzukommenden Betreuungspersonen zu vermeiden. Ferner sind für den Sozialisationsprozess der Kleinkinder bestimmte Bedingungen notwendig, und zwar unabhängig, ob die Mutter erwerbstätig ist oder nicht: so z.B. ein bestimmtes Anregungspotenzial, das Gefühl des Angenommenseins, eine richtige Balance zwischen Freiheit und Grenzziehung in der Erziehung, und selbstverständlich muss bei Erwerbstätigkeit der Mütter die Qualität der Ersatzbetreuung beachtet werden und überhaupt eine zuverlässige Versorgung gewährleistet sein. Hierauf soll im Folgenden eingegangen werden, weil gerade dieses Problem wegen der gestiegenen Zahl berufsorientierter und -engagierter junger Mütter sich verschärft hat.

In der DDR war eine ausschließliche Familienerziehung nur in den ersten Lebensmonaten verbreitet (von über 90% der Mütter wurde das „Babyjahr" in Anspruch genommen), dann begann die Krippenerziehung, die – genauso wie die mütterliche Erwerbstätigkeit – als selbstverständlich galt und sehr kostengünstig war. Der Versorgungsgrad mit Tageskrippen war am Ende fast flächendeckend, aber doch regional unterschiedlich. Er schwankte 1989 zwischen 700 und 800 je Tausend in Frage kommender Kinder (Winkler 1990: 142).

Die medizinischen Bedenken gegen diese institutionelle Betreuungsform sind im Übrigen bisher aufgrund methodischer Mängel (z.B. wegen fehlender Kontrollgruppen, fehlender Längsschnittuntersuchungen) wissenschaftlich nicht belegt. Doch bezüglich der Qualität gab es erhebliche Unterschiede zwischen den einzelnen Einrichtungen (vgl. Zwiener 1994) und Mängel wurden „nach der Wende" auch von den Verteidigern und Verteidigerinnen der Krippenerziehung zugegeben: Die vorwiegend fertigkeitsorientierte (also leistungszentrierte) Krippenpädagogik und die Nichtberücksichtigung kleinkindlicher Elementarbedürfnisse, ein ungünstiges Verhältnis zwischen der Zahl von Kindern und Erzieherinnen, eine zu lange Verweildauer des Kindes in der Krippe, eine unzureichende Aus- und Weiterbildung der Krippenerzieherinnen, eine zu geringe Mitbeteiligung der Eltern, und viel zu spät wurde die Einführung einer Eingewöhnungsphase als notwendig erkannt (Schmidt 1990: 10).

Die zitierten Mängel sind aber keine strukturimmanenten, sondern organisatorische, pädagogische u.a.m., und damit sind sie veränderbar. Im Übrigen ist jetzt bereits die dritte „Krippengeneration" im Erwachsenenalter.

Im letzten Jahrzehnt ist in der Bundesrepublik eine breite und öffentliche Diskussion über den Bestand, den Ausbau und die zu fordernde Qualität von Kinderbetreuungsinstitutionen und ihres Fachpersonals geführt und entsprechende konkrete Forderungen formuliert worden (vgl. z.B. BMFSFJ 2006; BMFSFJ 2008; BMSFSJ 2009; Bock-Famulla und Lange 2011), auf die hier nicht eingegangen werden kann.

Insgesamt ist zu betonen, dass die Anzahl der Betreuungsinstitutionen – wenn auch regionale Unterschiede bestehen und unterschiedliche Betreuungszeiten gegeben sind – seit 2006 stark angestiegen ist. Die weitüberwiegende Mehrheit der Kinder in Deutschland – zwar noch hinsichtlich West- und Ost-Deutschland mit quantitativen Unterschieden – nimmt gegenwärtig (=2010) Betreuungsinstitutionen in Anspruch: 23 % der unter dreijährigen Kinder (davon nur 15 % von einer Tagesmutter), vor allem aber die Drei- bis Sechsjährigen, die bundesweit einen Rechtsanspruch auf ein Angebot der Kindertagesbetreuung besitzen, nämlich 95 % in den neuen Bundesländern und 93 % in Westdeutschland. Dagegen ist der Anteil betreuter Kinder unter einem Jahr sehr gering: 15 % (Stat. Bundesamt vom 3.8.2011: 25; Bock-Famulla und Lange 2011: 8 ff.). Eine frühe außerfamiliäre Kinderbetreuung nehmen – nach einer empirischen Untersuchung von Barquero und Lange – überwiegend die Angehörigen eines bestimmten soziokulturellen Milieus in Anspruch und befürworten diese: „die modernen Performer, DDR-Nostalgische und Experimentalisten" (2011: 296 ff.). Da es sich hierbei um amtliche Statistiken handelt, erfassen sie jedoch nicht die „schwarzarbeitenden Frauen".

Gleichzeitig muss jedoch eingewendet werden, dass trotz des Ausbaus und der Inanspruchnahme öffentlicher Kinderbetreuung (vor allem auch nach Ablauf des Elterngeldes) weiterhin Engpässe bestehen: regional und, z. T. durch die Öffnungszeiten mit starren Abholzeiten bedingt, bei längerer Krankheit der Kinder und im Schulalter während der Ferienzeiten, bei Halbtagsschulen und Unterrichtsausfall u. a. m.

Für Mütter in der (alten) Bundesrepublik in Deutschland ist also die Betreuung ihrer Kinder nicht nur immer ein – mehr oder weniger – „privates" Problem gewesen, sondern auch geblieben, dass nunmehr auch für die Frauen in den neuen Bundesländern gilt.

Dieses Problem hat eine weitere Dimension durch das neue Unterhaltsgesetz erfahren: nach einer Ehescheidung sollen die Mütter für ihren Unterhalt generell selbst verantwortlich sein, auch wenn sie Kleinkinder zu versorgen haben. Nur durch sog. Einzelfallentscheidungen sollen evtl. Härtefälle vermieden werden. Damit hat der Gesetzgeber die „Hausfrauen-Ehe" so gut wie abgeschafft. Im eigenen Interesse und vor allem im Hinblick auf die Zukunft mit ihrem möglichen Scheidungsrisiko können Frauen auf die eigene Erwerbstätigkeit heute kaum noch verzichten. Die gesellschaftliche Widersprüchlichkeit, in der sich Mütter zurzeit befinden, ist evident und ist mit dem politischen Slogan der „Wahlfreiheit" nicht kompatibel. Die Mütter sind in ein weiteres soziales Dilemma geraten, was für sie individuelle psychische und auch materielle Folgen nach sich ziehen kann.

Denn – wie gezeigt – ein struktureller Wandel hin zur Inanspruchnahme öffentlicher Kinderbetreuung erfolgte und dieser wird politischerseits unterstützt und gefördert, was im Hinblick auf die Mütter und die Gesetzeslage sinnvoll erscheint. Der entsprechende kulturelle Wandel hinkt aber in Deutschland (insbesondere im Westen) der sozialen Realität noch nach: die Mehrzahl der Bevölkerung ist – wie bereits erwähnt – weiterhin der Meinung, dass Mütter von Kleinkindern nicht erwerbstätig sein sollten bzw. mindestens ein Elternteil ganz beim Kinde verbleiben sollte (Gerhardts und Hölscher 2003: 14; Ruckdeschel 2005: 16; Schneider 2011: 14). Sogar 88 % der Bundesbürger sind der Ansicht, „dass sich junge Mütter in den ersten zwölf Monaten voll und ganz um ihr Baby kümmern sollten" (http://www.news.de/wirtschaft vom 10.5.2011).

Dabei geht es hierbei gar nicht „um ein Entweder-Oder öffentlicher und familialer Betreuung, vielmehr besteht die zentrale Aufgabe darin, ein gelungenes Zusammenspiel von öffentlicher und familialer Betreuung und Erziehung zu gewährleisten, um die Stärken beider Welten zu nutzen bzw. Schwächen optimal zu kompensieren" (Heitkötter 2009: 19). Ferner überwiegt die Familienzeit, rein quantitativ, vor der öffentlichen Betreuungszeit, allein schon im Hinblick auf die bei uns noch überwiegend gegebene geringere Präsenzzeit der Vorschul-Kinder in den Kindertagesstätten, durch die überwiegende Zahl an Halbtagsschulen, durch die Wochenenden und Ferien.

4.3 Arbeitsteilung und Rollendifferenzierungen in den Familien heute

Eine Lösung der Vereinbarkeitsproblematik von Familie und Erwerbstätigkeit wäre möglich, so argumentieren seit Jahren viele Frauen, durch eine gerechtere Verteilung der Hausarbeit zwischen den Ehepartnern. Sind durch die schon seit über 40 Jahren geführte Diskussion und Forderung nach einer neuen Aufgabenverteilung in der Familie de facto irgendwelche Veränderungen in der familialen Arbeitsteilung festzustellen?

Die rechtlichen Rahmenbedingungen für eine neue Verteilung wurden in der Bundesrepublik Deutschland bereits 1976 durch die Veränderung des § 1356 BGB geschaffen. Er beginnt nunmehr: „Die Ehegatten regeln die Haushaltsführung im gegenseitigen Einvernehmen". Doch die rechtssoziologische Forschung warnt davor zu glauben, dass Rechtsnormen das gesellschaftliche Denken und

Handeln beeinflussen oder sogar in der Lage wären, in Intimbeziehungen konstruktiv einzugreifen. Und so ist es auch nicht weiter verwunderlich, dass das gesetzlich geforderte gegenseitige Einvernehmen in der Praxis nicht ganz so gut zu klappen scheint.

Das Thema der innerfamilialen Arbeitsteilung wurde in den letzten Jahrzehnten in der Wissenschaft so oft untersucht, so dass viele detaillierte empirische Daten vorliegen. Alle Erhebungen zeigen das gleiche Ergebnis trotz der Unterschiede im Untersuchungsziel, in der Wahl des theoretischen Ansatzes, in der Erhebungsmethode und im Sample: Die unterschiedliche Belastung der Ehepartner mit hauswirtschaftlichen Tätigkeiten ist geblieben. In der Realität sind weiterhin fast ausschließlich die Frauen für die Haushaltsführung und damit für die Haushaltstätigkeiten zuständig, gleichgültig, ob sie erwerbstätig sind oder nicht. Vor allem die Geburt des ersten Kindes bewirkt einen Traditionalisierungsschub. (Künzler 1999; Blossfeld und Drobnic 2001; Künzler und Walter 2002: 95ff.; BMFSF 2003; Huinink und Röhler 2005; Wengler, Trappe und Schmit 2008).

Für die DDR galt ebenfalls die ungleiche Belastung zwischen den Geschlechtern durch Hausarbeit, eine Tradition, die sich auch über „die Wende" gehalten hat. Insgesamt zeigen die Ergebnisse des Familien-Survey eindeutig, „daß die völlig andersartigen objektiven Strukturbedingungen in der ehemaligen DDR nicht die geschlechtsspezifischen Rollenmuster im privat-familialen Bereich aufheben konnten. Auch in den neuen Bundesländern liegt die familiale Alltagsorganisation und Haushaltsführung sowohl in zeitlicher als auch in tätigkeitsspezifischer Hinsicht überwiegend auf den Schultern der Frauen, was aufgrund der hohen Erwerbsbeteiligung zu einer starken Doppelbelastung der Frau geführt hat" (Bertram 1992: 27).

Die sog. „time-available-Hypothese", die besagt, dass der Umfang der Übernahme von hauswirtschaftlichen Arbeiten durch die Ehepartner abhängig ist von dem zeitlichen Umfang ihrer Erwerbstätigkeit, wurde durch keine Erhebung bestätigt, weder in den neuen noch in den alten Bundesländern. Wenn zwar heutzutage junge Väter sich an der Sozialisationsaufgabe ihrer Kinder eher beteiligen, so ist aber der zeitliche Umfang sehr begrenzt; hierauf wird intensiver in Kap. 4.4 eingegangen.

Eine starke Partizipation von Männern an der Hausarbeit konnte nur bei Schichtarbeiterinnen festgestellt werden, jedenfalls dann, wenn ihre Arbeitszeit mit der des Ehemannes nicht übereinstimmte. Der Zusammenhang zwischen innerfamilialer Arbeitsteilung und Schichtarbeit der Frauen lässt die Vermutung zu, dass das Faktum der häuslichen Abwesenheit der Ehefrau bei häuslicher Anwesenheit des Mannes Veränderungen traditioneller Muster erzwingt: einerseits, weil während ihrer Abwesenheit den Ehemännern die Verantwortung für den Familienhaushalt automatisch zufällt, zum anderen weil keine Frau da ist, die man fragen kann, die einspringt, wenn etwas nicht klappt, die die Arbeit viel lieber schnell selbst ausführt, als dreimal zu erklären oder ihre Notwendigkeit begründen zu müssen, wodurch sie aber ihren Mann zu einer – wie es in der psychologischen Forschung heißt – erlernten Hilflosigkeit erzieht.

Als problematische Verbündete tritt im Übrigen bei der innerfamilialen Arbeitsteilung noch die sog. romantische Liebe auf den Plan. Denn die emotionale Beziehung zum Ehemann könnte mit eine der verursachenden Bedingungen für allzu schnelle Hilfsbereitschaft sein.

Zusammenfassend ist Huinink und Röhler zuzustimmen, „dass nicht einzelne Faktoren zu den bekanntermaßen traditionell ausgeprägten Arbeitsteilungsmustern in den Paar- und Familienhaushalten in Deutschland führen, sondern dass es sich um ein komplexes Zusammenspiel von emotional verankerten Einstellungen der Partner, strukturellen Gegebenheiten der Paarbeziehungen und eigennutzorientierten Verhaltensstrategien der Partner handelt" (2005: 250).

Die Beteiligung der Kinder an den hauswirtschaftlichen Arbeiten ist ebenfalls sehr gering, obwohl rechtlich gesehen sie zur Mitarbeit verpflichtet sind. Im § 1619 BGB heißt es: „Das Kind ist, solange es dem elterlichen Hausstand angehört und von den Eltern erzogen oder unterhalten wird, verpflichtet, in einer seinen Kräften und seiner Lebensstellung entsprechenden Weise, den Eltern in ihrem Hauswesen und Geschäft Dienste zu leisten". Die Wirklichkeit sieht jedoch entgegen dem § 1619 BGB anders aus:

Neuere Untersuchungen zeigen, dass bei Kindern die Mithilfe im Haushalt einen ganz geringen Anteil innerhalb ihrer gesamten Zeitverwendung einnimmt. Vor allem aber hat diese „Kinderarbeit" nicht mehr die Funktion der Arbeitsentlastung der Mutter, sondern sie dient als Beschäftigung und/oder als Spiel und damit allein pädagogischen Zielen. Auch im Jugendalter ist die Mithilfe gering und konzentriert sich vor allem auf das Wochenende (ca. 1–2 Stunden). Mädchen helfen häufiger mit als Jungen (BMFSF 2003: 41). Eine ältere Studie zeigt noch weitere Differenzierungen: „Insgesamt zeigt sich, daß westdeutsche Kinder und junge Jugendliche im Durchschnitt weniger mithelfen. Auffällig wenig sind vor allem die westdeutschen Jungen an der Mithilfe im Familienalltag beteiligt. Interessant ist auch die Tatsache, daß der Grad der kindlichen Mithilfe im Familienalltag abnimmt, je höher die soziale Stellung der Eltern ist. Umgekehrt steigt der Grad der kindlichen Mithilfe mit dem Ausmaß der elterlichen Berufstätigkeit und mit der Anzahl der Geschwister" (1996: 165).

Hier ist zweifellos ein zeitgeschichtlicher Wandel zu konstatieren; denn in den Nachkriegsfamilien war – wie die Untersuchung von Thurnwald (1948) zeigte – die Mithilfe von Kindern im Haushalt eine Selbstverständlichkeit und machte einen beträchtlichen Umfang am gesamten Zeitbudget aus; und in späteren Untersuchungen – aus den 1950er-Jahren – wird ebenso noch, wenn auch abnehmend, über die Mithilfe der Kinder berichtet. Vor allem Geschwister hatten sie zu betreuen (Wurzbacher 1951; Baumert 1954).

Eine mangelnde Mithilfe im Haushalt kann gleichzeitig bedeuten, dass ein frühzeitiges Erlernen hauswirtschaftlicher Kenntnisse und Fertigkeiten fehlt, die heutzutage deshalb vielfach erst im jungen Erwachsenenalter – wegen ebenso fehlender schulischer Unterweisung – häufig sogar autodidaktisch erworben werden. Ob daher das in empirischen Untersuchungen von jungen Frauen geäußerte starke Belastungsgefühl durch den Haushalt auf eine mangelnde rationale Haushaltsführung – sowohl im Hinblick auf den Zeit- als auch Kostenfaktor – und auf fehlende Routine zurückzuführen ist, müsste empirisch erst untersucht werden.

In den letzten Jahrzehnten wählen in der Bundesrepublik Deutschland immer mehr erwerbstätige Frauen (in der Öffentlichkeit fast unbemerkt und ohne Aufmerksamkeit zu erregen) einen neuen Lösungsweg im Hinblick auf die Vereinbarkeitsproblematik von Familien- und Erwerbstätigkeit, vorausgesetzt die ökonomische Basis lässt es zu: eine Variante des alten hochbürgerlichen Hausfrauenmodells. Das heißt, der Hausfrau bleibt die alleinige Verantwortung für die Haushaltsführung, sie tritt aber hauswirtschaftliche und Familientätigkeiten – während sie erwerbstätig ist – nicht an den Mann, sondern an familienfremde Personen gegen Entgelt ab. Sie erweitert also, wie es in der hochbürgerlichen Familie üblich war, den engen Familienkreis durch eine Kinderfrau oder eine Haushaltshilfe. Dieses Dienstleistungsmodell wird vor allem von bildungsmäßig höher qualifizierten und damit besser verdienenden

Frauen in der Bundesrepublik Deutschland praktiziert. Seine quantitative Verbreitung ist bisher unbekannt. Aber die Statistiken zeigen einerseits den bildungsmäßigen Anstieg von Frauen in den letzten Jahren, andererseits gilt weiterhin, dass der Anteil der Mütter, die aus dem Beruf nicht ausscheiden, mit der Höhe der Berufsposition steigt. Eine weitere quantitative Zunahme dieses Dienstleistungsmodells ist in Zukunft noch zu erwarten. Dennoch bleibt es beschränkt auf die Gruppe der besser ausgebildeten Frauen in höheren Berufspositionen, deren Zahl aber stetig zunimmt, wenn ihr Anteil auch noch nicht dem Gleichheitsanspruch entspricht und kaum so schnell entsprechen wird. Gleichzeitig werden damit für eine andere Gruppe von Frauen Arbeit und eigener Verdienst geschaffen, aber häufig leider keine Erwerbs-Arbeitsplätze, weil es sich zumeist um die – frauenpolitisch gesehen – sehr problematischen informellen Beschäftigungsverhältnisse handelt, also ohne Versicherungs- und Rentenanspruch bzw. -schutz.

Fragen wir nach den gesamtgesellschaftlichen Auswirkungen, die diese privatistischen Lösungswege nach sich ziehen, so liegen diese auf der Hand: Die soziale Ungleichheit zwischen den Frauen wird immer größer. Und zwar nicht nur zwischen kinderlosen Frauen und Frauen mit Kindern, sondern auch zwischen den verheirateten Müttern. Zwar gab es schon immer Differenzen in der ökonomischen Lage zwischen den verheirateten Frauen; sie hatten aber alle ein gemeinsames Merkmal: Sie waren in ihrer ökonomischen Lage abhängig vom Ehemann. Dies gilt zwar immer noch für die Mehrheit erwerbstätiger Mütter, aber nicht mehr für alle.

Neben den kinderlosen Frauen und ledigen Müttern gibt es heute drei Müttergruppierungen, die sich durch ihre ökonomischen Ressourcen, durch ihre Lebenslagen und -stile stark voneinander unterscheiden, wodurch sich auch die soziale Lage ihrer Kinder sehr unterschiedlich gestaltet.

Es sind:
1. die Mütter als „Vollzeit-Hausfrauen", die das traditionelle Modell praktizieren, die also diese Lebenslage nicht nur vorübergehend, z.B. während der Dauer des gesetzlichen Elterngeldes, wählen. Diese Gruppe von Frauen bestand früher aus Angehörigen der mittleren und höheren Schichten. „Hausfrau" sein zu können, war ein Privileg. Dieser Sachverhalt hat sich grundlegend verändert. Unter den jüngeren Ganztagshausfrauen ist heute die Quote mit niedrigem Ausbildungsniveau und Frauen, die noch nie erwerbstätig waren, am stärksten.

2. Die zweite Gruppe bilden die erwerbstätigen Mütter mit niedrigem Einkommen und die in informellen Beschäftigungsverhältnissen arbeitenden, die als die belastetste Gruppe unter den Müttern gelten kann. Auch bei dieser Gruppe handelt es sich um eine traditionelle Lage von Müttern, die es am ausgeprägtesten im vorigen Jahrhundert in der Arbeiterschaft gab und die sich also bis heute, wenn auch quantitativ abgeschwächt, erhalten hat.
3. Die dritte Gruppe bilden die erwerbstätigen Mütter mit privater Hilfe. Diese Hilfe kann sehr unterschiedlich organisiert sein: in Form von privaten Tagesmüttern, von Kinderfrauen, von Haushaltshilfen usw. Diese Frauen müssen zwar einen Teil ihres Einkommens für diese privaten Dienstleistungen verwenden, dennoch bleibt ihnen der Versicherungs- und Rentenanspruch über die Phase der Erziehung der Kleinkinder erhalten. Damit wirkt sich die ungleiche soziale Lage zwischen den drei Frauengruppen bis ins hohe Lebensalter hinein aus. Gesamtgesellschaftlich gesehen bedeutet die sich langsam herausbildende Differenzierung zwischen den Frauen, dass sich insgesamt unsere Sozialstruktur verändert.

Die Lebenssituation dieser zuletzt genannten neuen und quantitativ zunehmenden Gruppe von Frauen trägt ferner insofern noch zu einem weiteren zweiten sozialen Wandel bei, weil hier die Erziehung der Kinder von mehreren Personen geleistet wird und diese nicht allein der Mutter (unterstützt vom Vater) überantwortet bleibt. Damit wird hier der Prozess der familialen Funktionsreduktion – wie schon mit der Einrichtung von Schulen und Kindergärten begonnen – gesamtgesellschaftlich weiter fortgeschrieben.

Ob aus den aufgezeigten gesamtgesellschaftlichen Wandlungsprozessen familien- und sozialpolitische Konsequenzen gezogen werden sollten – und welche –, ist eine andere weitere Frage, und ihre Antwort ist abhängig vom politischen Standort des Betrachters bzw. der Betrachterin.

4.4 Zum Wandel der Vater-Rolle

In den Medien und auch in wissenschaftlichen Abhandlungen wird in zunehmenden Maße von den „neuen Vätern" gesprochen sowie ein Wandel der Vater-Rolle unterstellt. Schon das alltägliche Straßenbild oder die Fernseh- bzw. Plakatwerbung scheinen diese Thesen zu bestätigen: Junge Väter präsentieren strahlend ihren Säugling im Tragsitz auf dem Rücken der breiten Öffentlichkeit, sie wissen – laut Werbung – die Qualität von Windeln zu beurteilen; sie zeigen öffentlich und in der Familie stolz ein zärtliches Verhalten gegenüber ihren Kindern. Der Staat nimmt hierauf Rücksicht: Auch Väter können Erziehungsgeld beantragen und ihre Arbeitskraft dem Neugeborenen widmen. Bei Krankheit ihrer Kinder können sie Arbeitsbeurlaubung beantragen usw.

Da rechtssoziologische Untersuchungen zeigen, dass das Recht sich zumeist nur gesellschaftlichen Veränderungsprozessen anpasst – vielfach mit Verspätung (Limbach 1988: 12) –, können Gesetzesveränderungen als Indikatoren für die Richtung und das Ausmaß von sozialem Wandel in einer Gesellschaft gelten. Bezogen auf die Vater-Rolle bedeuten die neuen Rechtsvorschriften, dass der Vater in jüngster Zeit vor allem im Hinblick auf den Beziehungsaspekt zu seinem Kind, auch zu seinem Kleinkind, eine gesellschaftliche Aufwertung und öffentliche Anerkennung erfahren haben muss.

Es ist erstaunlich, wie stark sich inzwischen auch eine „Väterforschung" entwickelt hat.

In verschiedenen empirischen Untersuchungen der 1950er-Jahre über die Familie in Deutschland (z. B. Schelsky 1953; Wurzbacher 1951) wurde die Rolle des Vaters zwar nicht gesondert beschrieben, aber dennoch mitbehandelt. Diese Erhebungen zeigten deutlich, dass von einem Überwiegen der autoritären Väter in den bundesrepublikanischen Familien – wie häufig behauptet – nicht gesprochen werden konnte. König (1955) hat sich ebenfalls gegen die These von Horkheimer (1936) und Adorno et al. (1950) gewandt, nach deren Vermutung die allgemein-autoritäre Tendenz der Machtstruktur in einer vorherrschend autoritären Familienstruktur wurzeln solle. König führte eine regional begrenzte Erhebung über den „deutschen Vater im Jahre 1955" durch und fasste seine Ergebnisse zusammen: „Da die Ursprünge des Nationalsozialismus sehr oft in dieser Richtung gesucht worden sind, müssen wir jetzt der Notwendigkeit ins Auge sehen, daß wir zu seiner Erklärung uns eher den allgemeinen Wertorientierungen und ideologischen Stereotypen zuwenden müssen als der deutschen Familie, die im großen und ganzen derselben Entwicklung gefolgt zu sein scheint wie die anderen Familientypen der Industrieländer Westeuropas" (1955: 230). Nach seiner Kölner Untersuchung ist der Patriarchalismus im alten, klassischen Sinne höchstens in der Oberschicht in den 1950er-Jahren existent gewesen, wobei die Einkommenshöhe, nicht die Höhe der Berufsposition den Ausschlag gab.

Spätere Untersuchungen kommen ebenso zu dem Schluss, dass

es in den 1970er-Jahren wie früher den autoritären Vater alten Stils gar nicht gab, höchstens noch als Ausnahme und Randfigur. Pross (1978: 122) stellte sich deshalb in ihrer repräsentativen Untersuchung über die „Männer" die Frage, was an die Stelle der alten Vorstellung von der Rolle des Vaters getreten sei; welche Erwartungen mit der Position des Vaters verbunden wären. Sie führte Gruppeninterviews und Einzelinterviews mit Männern im Alter von 20 bis 50 Jahren durch und berichtete, dass die männlichen Gesprächspartner sich ausführlich und engagiert über die Mutteraufgaben geäußert hätten, aber über die Aufgabe des Vaters karg und distanziert. Diese Unsicherheit im eigenen Rollenverständnis wurde ihrer Meinung nach ebenfalls deutlich, als die Interviewer nach dem Grund für den Wunsch nach eigenen Kindern fragten. Weder alte Motive, wie Namensweitergabe, Fortsetzung der Ahnenreihe, religiöse Gründe u.a.m. wurden genannt, noch neue. Der mit dieser Untersuchung außerdem festgestellte „Familismus" der Väter sei – so die Autorin – „ahistorisch, ohne Bezug zu einer metapersönlichen Vergangenheit und Zukunft"; die Daseinsdeutung dieser befragten Väter beschränke sich auf das augenblicklich Gegebene (1978: 124).

Ende der 1970er und Anfang der 1980er-Jahre erscheinen die ersten deutschen Untersuchungen über „werdende Väter". Aus angloamerikanischen Untersuchungen war schon früher bekannt, dass dieser Statuswechsel von der kinderlosen zur ehelichen Gemeinschaft als stressgeladen von beiden Partnern erlebt wird. Das Schlagwort vom „Erst-Kind-Schock" wurde deshalb geprägt. Es wurde zunächst in jenen bundesrepublikanischen Veröffentlichungen benutzt, die über Forschungsergebnisse zur Frage des Geburtenrückganges berichteten. In diesen Untersuchungen wurde festgestellt, dass aufgrund der psychischen Belastung der Eltern durch das erste Kind auf weitere verzichtet wird (Urdze und Rerrich 1981). Die erste Untersuchung über die psychischen Reaktionsformen von werdenden Vätern wurde von Lukesch 1977 durchgeführt. Er wollte mit seiner methodisch differenzierten Erhebung an 104 (Ehe-)Partnern von Wöchnerinnen die Reaktionsformen von „werdenden" Vätern analysieren. Er kam zu dem Ergebnis, dass die Haltung der Väter zur Schwangerschaft abhängig war von der Intaktheit der Herkunftsfamilie und von der Entscheidungsstruktur für das Kind. So wirken sich partnerschaftlich getroffene Entscheidungen positiv, offen zugegebene Konflikte in der Partnerbeziehung negativ auf das Schwangerschaftserlebnis aus (1977: 131).

Mehrere qualitative und quantitative Erhebungen zeigen weiterhin, wie stark sich „werdende" Väter in der Bundesrepublik in ihrem Verhalten während der vergangenen vierzig Jahre verändert haben (vgl. hierzu zusammenfassend Schütze 2002: 71 ff.). So begleiten die heutigen „werdenden" Väter im Gegensatz zu früheren Vätergenerationen, fast alle ihre Frauen zu den Vorsorgeuntersuchungen, Vorbereitungskursen usw., und sind bei der Geburt anwesend. Damit ist bereits die Schwangerschaft und Geburt für viele Väter zu einer bewussten, gewollt erlebten Erfahrung geworden. Diese unmittelbare Erfahrung des Miterlebens einer Geburt ist aber qualitativ etwas anderes als die – wie früher üblich – über das Gespräch vermittelte. Der Vater ist also heutzutage nicht mehr nur Beobachter von Veränderungen und Empfänger von Nachrichten, sondern nimmt bewusst an ihnen teil, wird in den Veränderungsprozess mit einbezogen.

Durch das gemeinsame Erlebnis von Schwangerschaft und Geburt seitens des Ehepaares wird ferner eine Systemdifferenzierung vermieden. Die Bildung des Mutter-Kind-Subsystems begann früher bereits mit der Vorbereitung zur und der Geburt selbst, was für die meisten jungen Elternpaare heute nicht mehr zutrifft.

Ferner haben die Einbeziehung des Vaters in die Geburtsvorbereitung und seine Anwesenheit bei der Geburt auch zur Folge, dass während dieser Phase und bei diesem Ereignis die weiblichen Verwandtschaftslinien zugunsten der ehelichen Partnerbeziehungen ersetzt werden. Jedenfalls geht aus einer qualitativen Studie von 1984 hervor, dass damals die Ehepaare, die 1950 geheiratet hatten, noch die Mithilfe der Mutter, der Schwiegermutter oder anderer weiblicher Verwandter erwähnen, sei es bei der Geburt selbst oder beim Weg ins Krankenhaus (Nave-Herz 1984b), was heutzutage nicht mehr gilt. Welche Auswirkungen jedoch die Anwesenheit der Väter bei der Geburt auf die späteren Phasen der Elternschaft hat, kann aufgrund von amerikanischen Untersuchungen nur vermutet werden. Hier konnte kein signifikanter Unterschied zwischen Vätern festgestellt werden, die bei der Geburt anwesend waren, und jenen, die die Geburt nicht miterlebt hatten, hinsichtlich ihrer Gefühle gegenüber dem Kind (Fthenakis und Nielsen-Kunze 1982: 20). Dagegen fanden Richards, Dunn und Antonis (1977) bei Anwesenheit des Vaters während der Geburt eine stärkere väterliche Beteiligung an der Pflege des Kindes noch nach dreißig Wochen. Aber auch sie konnten keine Unterschiede mehr zwischen beiden Vätergruppen nach sechzig Wochen feststellen. Bei fast allen bisherigen diesbezüglichen Untersuchungen bleibt zudem ihre methodische Unzulänglichkeit zu betonen, vornehmlich die der kleinen hochselektierten Stichprobe.

Ferner zeigen neuere empirische Untersuchungen, dass die jungen Väter die Geburt ihres Kindes als eine persönlichkeitsbereichernde Herausforderung erfahren; sie erleben sich als Folge ihrer Elternschaft als reifer und verantwortlicher; sie behaupten, mit mehr Respekt behandelt zu werden und jetzt erst „richtige Erwachsene" zu sein; ihr Selbstkonzept verändert sich also.

Weiterhin belegen empirische Erhebungen, dass sich die heutigen Väter auch während der Säuglings- und Kleinkinderphase stärker an der Betreuung beteiligen als die Väter vor 40 Jahren (Fthenakis und Minsel 2001), was ihre Väter und Großväter weit von sich gewiesen und als unmännlich bezeichnet hätten. Selbst das gemeinsame Spielen war nicht üblich. Jedenfalls gaben in einer standardisierten Befragung 64 % der Väter, die 1950 geheiratet hatten, an, dass sie nie mit ihren Kindern gespielt hätten (Nave-Herz 1984b). Um nicht falsch verstanden zu werden: Väter haben sich – im Großen und Ganzen – immer aktiv an der Erziehung ihrer Kinder beteiligt, entgegen der häufig in der Wissenschaft vertretenen These über das „Nicht-Vorhandensein" oder – wie es in der Literatur genannt wurde – über die „Sozialisationsschwäche des Vaters" (vgl. Rosenbaum 1988), aber die Intensität und die Art des väterlichen Verhaltens hat sich verändert. Oder umgekehrt formuliert: Mit der Mutter-Rolle ist heutzutage nicht mehr das Monopol auf expressives Verhalten in Pflege- und Betreuungssituationen verknüpft.

Hauptverantwortlich bleibt jedoch weiterhin die Mutter, auch für die Organisationsprobleme, die bei ihrer Erwerbstätigkeit entstehen; und ferner ist die Beteiligung der Väter an den hauswirtschaftlichen Arbeiten – selbst bei Erwerbstätigkeit ihrer Frauen – weiterhin gering, wie im vorhergehenden Kapitel beschrieben wurde (Fthenakis und Minsel 2001; Fthenakis et al. 2002). Verändert hat sich aber die normative Einstellung zu eben diesem Verhalten. Empirische Erhebungen zeigen bereits ab den 1980er Jahren (Krüger 1984), dass jüngere Väter, im Gegensatz zu den älteren, die bei ihnen noch gegebene Ungleichverteilung der Hausarbeit zu begründen versuchen, und sie wählen hierzu vornehmlich persönliche Entschuldigungen (fehlendes Geschick, eigene Unfähigkeit, Zeitmangel u.a.m.). Das aber bedeutet, dass traditionelle Regeln für sie an Gültigkeit, an Selbstverständlichkeit verloren haben müssen.

Insgesamt scheint es also de facto eine neue Vätergeneration zu geben, die sich von der vorherigen im Verhalten gegenüber ihren Kindern und in der Einstellung gegenüber der Hausarbeit unterscheidet. Fthenakis fordert deshalb, dass väterliches Engagement in seiner Einzigartigkeit und nicht relativ zum mütterlichen Engagement betrachtet werden sollte (2002: 112). Kann man deshalb aber bereits von einem Wandel der Vater-Rolle sprechen?

Aus den zuvor aufgezeigten Beispielen über das veränderte väterliche Verhalten wird zwar deutlich – wie bereits betont –, dass ein Entdifferenzierungsprozess zwischen der Vater- und Mutterrolle begonnen hat; dennoch sind diese Veränderungen nicht gleichzusetzen mit einem Rollenwandel. Diese Diskrepanz wird zum Beispiel bereits dadurch sichtbar, dass das Verhalten der „neuen Väter" heute noch auf Beachtung und Anerkennung seitens ihrer Umwelt stößt, was eine fehlende Selbstverständlichkeit signalisiert.

Noch weniger ist bisher von einem Wandel der Vater-Rolle im Hinblick auf die typifizierten Rollenerwartungen selbst zu sprechen. An erster Stelle stand immer – wie Scharmann und Scharmann 1975 gezeigt haben – die Verpflichtung des Vaters für die materielle Sicherheit der Familie zu sorgen; und dies gilt – wie empirische Untersuchungen zeigen – auch heute noch, und zwar für ganz Europa (Thorton, Axinn und Yu 2011: 76). Wenn eine Ehefrau erwerbstätig ist, wird ihr Einkommen in der weit überwiegenden Mehrzahl der Familien nur als Zuverdienst bewertet. Über 60 % und mehr des gesamten Familieneinkommens verdienen nur 10,6 % der Ehefrauen in West-Deutschland und 14,8 % in den neuen Bundesländern (Klenner 2009).

Gleichzeitig wird aber nunmehr, wie die Untersuchung von Fthenakis und Minsel (2001) zeigt, sehr stark auch seine Rolle als Erzieher betont (vgl. auch Oberndorfer und Rost 2005: 54), wobei aber gleichzeitig von ihm nicht erwartet wird, einen Karriereverzicht zu leisten. Väter können deshalb genauso in den Konflikt der Vereinbarkeitsproblematik geraten wie Mütter. Levine und Pittinsky fordern, dass dieses bisher „unsichtbare Dilemma" für Männer forschungsmäßig stärker berücksichtigt werden müsste (2002: 120ff.).

Die Verknüpfung der Vater- mit einer Berufsrolle besitzt also weiterhin in unserer Gesellschaft einen hohen Grad an Verbindlichkeit.

Wie stark die Väter selbst diesen ökonomischen Erwartungsdruck

spüren und mit welchen negativen Sanktionen bei Nicht-Erfüllung dieser Rollenerwartungen Männer zu rechnen haben, betonen vor allem sog. „Hausmänner". Aus einer diesbezüglichen etwas älteren Studie geht ferner hervor, dass „die Hausmänner" ihre Tätigkeit nicht als befriedigend empfinden. Die Rückkehr in die Erwerbsarbeit ist stets für den Zeitpunkt des Kindergartenbesuchs des jüngsten Kindes (mit ca. drei Jahren) geplant. Selbst diejenigen, die die Option Hausmann deshalb gewählt hatten, weil sie in ihrer Arbeit unzufrieden waren, wollten wieder zurück. Die Erwartungen, neuartige Freiräume und gesellschaftliche Anerkennung zu finden, wurden enttäuscht. Die soziale Isolation und Monotonie, die anstrengende Routine werden als schwer erträglich empfunden, und schließlich stehen sogar die Partnerinnen einer teilzeitigen Erwerbstätigkeit ihres Partners positiver gegenüber als einem Dasein als Hausmann, da sie ihm nicht auf Dauer zumuten wollen, was sie für sich selbst ablehnen: den Verzicht auf die Erwerbstätigkeit im erlernten Beruf. Eine neuere qualitative Erhebung zeigt ebenso, dass eine nicht traditionelle Aufgabenverteilung auf dem Zusammenspiel von Einstellungen und situativen Bedingungen in einer bestimmten Lebenssituation der Paare beruht: „Es lassen sich drei für die Paare typische Lebenssituationen voneinander abgrenzen, welche die Übernahme einer nicht traditionellen Aufgabenverteilung wahrscheinlich machen:
– Der Vater übernimmt die Familienarbeit, da die Mutter beruflich bereits etabliert ist und er noch nicht in das Erwerbsleben eingestiegen bzw. integriert ist. Bei den befragten Vätern ist dies meist nach Beendigung des Studiums oder nach Abschluss einer Umschulung bzw. Weiterbildungsmaßnahme der Fall.
– Der Vater übernimmt die Familienarbeit wegen einer beruflich oder familiär bedingten Unterbrechung, häufig wegen eines Stellenwechsels oder eines Umzuges, bedingt durch einen Stellenwechsel seiner Partnerin.
– Der Vater übernimmt die Familienarbeit, um der Mutter den Berufseinstieg bzw. Wiedereinstieg zu ermöglichen" (Oberndorfer und Rost 2005: 60/61).
Wenn also auch Veränderungen im Verhalten von Vätern zu beobachten sind, wenn ferner in Bezug auf bestimmte Rollensegmente der Entdifferenzierungsprozess begonnen hat, nämlich die Aufhebung der Zuordnung von expressivem = mütterlichem versus instrumentellem = väterlichem Rollenverhalten, so ist damit aber die polare Anordnung der Vater- und Mutter-Rolle gerade im Hin-

blick auf die ihnen zugeordneten Funktionen – wie gezeigt in diesem und dem vorhergehenden Kapitel – weiterhin noch immer so stark normativ abgesichert, dass es verfrüht erscheint, von einem Wandel dieser familialen Rollen zu sprechen.

5. Veränderungen in den familialen Interaktionsbeziehungen und Folgen für die Erziehung und Bildung

5.1 Von der Ehe- zur Elternbeziehung

Einleitend sei betont, dass von der Ankunft des ersten Kindes schon immer eine verändernde Wirkung auf die Eltern ausging, was aber verstärkt für die Gegenwart gilt.

So bestätigen Forschungsergebnisse über die Bundesrepublik Deutschland die aus anglo-amerikanischen Untersuchungen bekannte Tatsache, dass nach der Ankunft des ersten Kindes tendenziell die subjektive Zufriedenheit mit der Ehe abzunehmen scheint, und zwar noch stärker bei den Männern als bei den Frauen (Schneewind und Vaskovics 1992: 32; vgl. zusammenfassend Gloger-Tippelt 1988; Fthenakis et al. 2002). Mehrere Erhebungen zeigen, dass einerseits manchen Müttern und Vätern die Neuinterpretation der ehelichen Beziehungen als Elternschaft Schwierigkeiten bereitet, weil u. a. auf gemeinsame Aktivitäten wegen des Kindes nunmehr eher verzichtet werden muss, andererseits wird ein stärkeres Zusammengehörigkeitsgefühl über das Kind empfunden. Ferner „registrieren" junge Väter und Mütter nach der Ankunft des Kindes sehr stark die finanziellen Einschränkungen, den Verlust der individuellen Freiheit und erleben zum ersten Mal die Sorge um die Kinder. Dagegen erfahren die jungen Eltern den Umgang mit den Kindern zugleich – wie bereits betont (vgl. S. 58) – als Persönlichkeitsbereicherung; und ihr Selbstkonzept verändert sich. Vermutlich spiegeln diese Äußerungen Reaktionsformen der Umgebung wider, weil „Elternschaft" als positives und wichtiges Ereignis bewertet wird (vgl. Schneewind und Vaskovics 1992: 31 ff.; Papastefanou et al. 1992: 125 ff.).

Diesen Statusübergang scheint zwar die überwiegende Mehrheit der heutigen jungen Eltern problemlos zu meistern (Schneewind und Vaskovics 1992: 37); dennoch kann es, wenn auch bei einer Minderheit der Eltern, „zu einem sich selbst verstärkenden Prozess einer negativen Eltern-Kind-Beziehung, der sich z.B. im Zusammenwirken von erhöhter elterlicher Frustration und negativer Stimmungslage des Kindes manifestiert", kommen (Schneewind und Vaskovics 1992: 36; Fthenakis et al. 2002). In amerikanischen Studien wird überwiegend von einer abnehmenden Zufriedenheit in Bezug auf die verschiedensten psychischen Dimensionen nach der Geburt des ersten Kindes berichtet (vgl. zusammenfassend Rüssmann und Becker 2004: 145).

Auch nach Schülein setzt bei einem Teil von Eltern nach der Geburt ein Prozess in der Eltern-Kind-Beziehung ein, bei dem sich die negativen und positiven Stimmungslagen abwechseln. Vornehmlich betroffen hiervon ist die Gruppe der „modernen Eltern", wie sie Schülein bezeichnet (1990: 133ff.), die sich gegenüber den Traditionellen durch ein hohes Maß an Reflexivität über ihr eigenes Verhalten und über die Entwicklung des Säuglings auszeichnen. Weil diese aber aufgrund ihrer Schicht- und Bildungszugehörigkeit als „Trendsetter" gelten können, sollen ihre Probleme und Konflikte, wie sie Schülein aufgrund von qualitativem Material beschreibt, etwas ausführlicher als es ihrer Minoritätenstellung angemessen ist, wiedergegeben werden:

Dieser „moderne Elterntyp" ist bestrebt, „das Kind in eine umfassend versorgende, behütende, wärmende Situation – gewissermaßen in einen sozialen Uterus" aufzunehmen. Ihre Erwartungen an das Kind und ihre emotionale Beziehung zu ihm sind hoch; sie betonen ferner ihre Selbständigkeit, gepaart mit dem Vertrauen in die eigene Pflege- und Erziehungskompetenz, und ihren Alleinvertretungsanspruch im Hinblick auf das Kind gegenüber „Dritten" und damit auch ihr Losgelöst-Sein aus traditionellen Sinnzusammenhängen. Damit aber erzwingen sie gleichzeitig einen Leistungsdruck an sich selbst, wodurch Toleranzschwellen gegenüber Unmutsäußerungen des Säuglings sinken können; denn schreien könnte zwangsläufig als Unzufriedenheit, d.h. als schlechte Versorgung eingestuft werden. So steht mit dem Wohl des Säuglings immer auch zugleich das Selbstwertgefühl der Eltern zur Disposition. Wenn er klagt, haben die Eltern versagt. Hinzu kommt, dass sie einerseits meinen, nur selbst in der Lage zu sein, Äußerungen und Verhalten ihres Säuglings interpretieren zu können und entsprechend richtig zu reagieren, sie werden aber andererseits durch das Kind mit neuen bisher unbekannten Problemen konfrontiert.

Aus allen genannten Bedingungen können deshalb herkömmliche oder übliche Konflikte sich zu existenziellen Krisen auswachsen. Schülein schreibt wörtlich: „Das kurze und zugespitzte Urteil einer berufserfahrenen Hebamme: ‚Die jungen Leute sind einfach hysterisch', meint, daß (aus ihrer Sicht) Kleinigkeiten ungeheuer wichtig werden, daß überängstlich und besorgt ständig auf das Kind (und auf die eigene Leistung als Eltern) geschaut wird. Damit wird zum Problem, was aus robuster Profi-Sicht gar keins ist" (1990: 147). Die Situation spitzt sich in der Regel noch zu, da im Normalfall der Ehemann nach kurzer Zeit seine Berufstätigkeit wieder fortsetzt bzw. fortsetzen muss und die Mutter nun tagelang mit sich, dem Kind und ihren Sorgen/Ängsten allein ist. „Solche Situationen sind geeignet, die Symbiose zu überhitzen (weil der Bezug zu ausschließlich wird) und zugleich dazu zu führen, daß Unsicherheit nicht relativiert und aufgefangen, sondern im Gegenteil noch verstärkt wird. Außerdem intensiviert sich das Gefühl, alleingelassen zu sein; dies umso mehr, wenn die Mutter plötzlich realisiert, welche Reduktion mit einer ausschließlichen Mutter-Rolle verbunden ist. Damit ist auch eine innere Ursache für krisenhafte Zuspitzungen angesprochen: Besonders wenn die eigene Berufstätigkeit hoch besetzt ist und zugleich ein Verzicht auf eine große Zahl sozialer Aktivitäten erzwungen wird, wächst die Wut – nicht zuletzt auf das Kind, welches die Mutter völlig bindet, ohne zunächst viel dafür zurückzugeben. Besonders in langen Phasen des Alleinsein-Müssens mit ihrem Neugeborenen geraten viele junge Mütter durch Isolationsschäden und Enttäuschungen an den Rand von Zusammenbrüchen; nicht wenige erzählen von Wutanfällen, in denen sie ihr Kind am liebsten gegen die Wand oder aus dem Fenster geworfen hätten" (Schülein 1990: 149).

Auch Gloger-Tippelt konstatiert aufgrund vieler empirischer Befunde eine ambivalente Haltung der Mütter in den ersten Wochen, nämlich Schwankungen zwischen emotionaler, euphorischer Überwältigung und depressiven Stimmungen (1988: 105; vgl. ebenso Rost und Schneider 1995: 181 ff.; Textor 2002: 42 ff.).

Es scheint also, dass der Individualisierungsprozess in Bezug auf Elternschaft neue Probleme gebracht hat: Die Auflösung traditioneller Sinnzusammenhänge hat die Unsicherheit und die Ambivalenz in der Elternrolle gesteigert, aber gleichzeitig auch den Leistungsdruck durch selbstgewählte Leistungsanforderungen erhöht.

Vor allem aber geht m. E. aus dem elterlichen Verhalten – wie es Schülein aufgrund seiner qualitativen Erhebung beschrieben hat – eine Diskrepanz in den Bedürfnisorientierungen bei den jungen Eltern hervor. Bedürfnisse beruhen auf Wertorientierungen und können als der Maßstab gelten, der das Handeln lenkt und Entscheidungen über Handlungsweise ermöglicht. Oder kurz mit Klages formuliert: „‚Werte' sind im folgenden schlicht das, was ‚in den Menschen' als Wertungs-, Bevorzugungs- und Motivationspotential vorhanden ist, während ‚Bedürfnisse' die auf der Ebene des Handelns ‚aktualisierte' Werte sind" (Klages 1984: 12). Wenn in den vorherigen Abschnitten gezeigt wurde, dass bei den heutigen Eltern eine gestiegene Kindorientierung und -zentrierung gegeben ist, wäre zu fragen, auf welchen Wertorientierungen diese Bedürfnisse beruhen und ob die Statuspassage zur Elternschaft nicht gekennzeichnet ist durch eine Diskrepanz von Wertorientierungen, die einerseits bisher das Handeln der Noch-nicht-Eltern bestimmten und die nunmehr mit der Elternrolle verbunden sind. Zur Beantwortung dieser Frage möchte ich mich wiederum auf Klages beziehen und auf seine Analyse des Wertwandels zurückgreifen, in dem er eine Verschiebung von Pflicht- und Akzeptanzwerten zu Selbstentfaltungswerten aufzeigt. Im Gegensatz zu Inglehardt (1998: 279ff.) geht er nicht von einer eindimensionalen Polarisierung aus, sondern betont: „Daß die ‚Pole' des Wertwandels auf unterschiedlichen und voneinander unabhängigen ‚Dimensionen' liegen und daß die ihnen zuzuordnenden Werte grundsätzlich in den verschiedensten Konstellationen in Erscheinung treten können, ohne daß sich von einem unausweichlichen Zwang zur gegenseitigen Substitution sprechen ließe" (1984: 23). Viele empirische Untersuchungen sprechen nun dafür, dass dem bewussten Kinderwunsch vieler junger Paare und der kindorientierten Ehegründung Selbstentfaltungs-Wertorientierungen zugrunde liegen. Erinnert sei nur an die vielen diesbezüglichen empirischen Befunde im Rahmen der Value-of-Children-Forschung (vgl. Kap. 3). Auch die in den letzten Jahren gestiegene Teilnehmerzahl an den Geburtsvorbereitungskursen – vor allem von Vätern – weist in diese Richtung. Denn mit ihrer Partizipation wird ein aktiveres, eigenes Erlebnis der Geburt erhofft, und soll die Geburt als Möglichkeit der Persönlichkeitsbereicherung erfahren werden. Die Diskussion über die neue Mütterlichkeit innerhalb der Neuen Frauenbewegung spiegelt ebenso diese Wertorientierungsverschiebungen wider. Unterstützt wird dieser Prozess im Übrigen durch einige Bücher, die sich vor allem an die Väter wenden und die Freude sowie den persönlichen Gewinn durch die Vater-Rolle betonen und zeigen, dass ein Kind für einen Mann eine Chance ist, sich selbst neu zu entdecken.

Wenn – wie betont – der Wunsch nach Kindern bei immer mehr Eltern auf Selbstentfaltungs-Wertorientierungen beruht, wird von immer mehr Müttern und Vätern die Anforderung der Ausbalancierung zwischen diskrepanten Wertorientierungen insofern abverlangt, da die Elternrolle auch heute noch in unserer Gesellschaft in hohem Maße mit Pflicht- und Akzeptanz-Werten gekoppelt ist, und zwar sowohl in der öffentlichen Bewertung als auch juristisch (vgl. z. B. den §1631 BGB); aber gerade auch in modernen erziehungswissenschaftlichen Konzepten werden diese als zentrale Werte der Elternrolle herausgestellt, indem die Verfasser z. B. die Eltern auffordern, ihre Kinder vorbehaltlos zu akzeptieren, die kindlichen Freiheitsspielräume kaum zu begrenzen usw. Aus diesem Konflikt zwischen Selbstentfaltungswerten im Hinblick auf den Kinderwunsch und den Pflicht- und Akzeptanzwerten, mit denen die Elternrolle definiert wird, kann die ambivalente Haltung dem Säugling gegenüber resultieren.

5.2 Veränderungen in den Erziehungszielen und im Erziehungsverhalten

Die Erziehungsstilforschung wurde stark von der Sozialpsychologie beeinflusst, die davon ausgeht, dass ein Erziehungsstil als Führungsstil zu interpretieren sei. Deshalb gibt es in dieser Wissenschaftsdisziplin viele Versuche der Typisierung elterlichen Verhaltens in diesem Sinne. So unterschied man lange Zeit zwischen autoritärem, demokratischem, egalitärem und permissivem Erziehungsstil. Baumrind schlug die Kategorien „permissiv, autoritativ, vernachlässigend, autoritär" vor (1971), worauf sich auch heute viele empirische Untersuchungen beziehen.

In der Soziologie konzentriert sich die Erziehungsstilforschung stärker auf die Erfassung und Analyse elterlicher Erziehungsziele und -praktiken.

Mehrere Untersuchungen über elterliche Erziehungsziele weisen alle in die gleiche Richtung: Vor 40 Jahren wurde noch der „angepasste Mensch durch Gehorsam" als Erziehungsziel proklamiert. In einer neueren repräsentativen Erhebung (2006), finanziert vom BMFSFJ und durchgeführt vom Institut für Demoskopie Allensbach, wurden von 14 möglichen Erziehungszielen an erster Stelle „Höflichkeit und gutes Benehmen" (=88%), an zweiter Stelle „Arbeitssorgfalt und Gewissenhaftigkeit" (=82%) und an dritter Stelle „Hilfsbereitschaft" (=79%) gewählt. Allensbach fasst seine Ergebnisse – wie folgt – zusammen: „Aus den gewünschten Erziehungszielen lässt sich das Ideal eines Menschen ableiten, für den Persönlichkeitswerte ebenso wichtig sind wie Werte des gesellschaftlichen Zusammenlebens. Zum einen sollen Kinder lernen den Anforderungen oder der modernen Lebens- und Arbeitswelt gerecht zu werden. Das heißt, sie sollen später einmal ordentlich und gewissenhaft arbeiten, sparsam mit Geld umgehen, gesund leben und sich zwar gegenüber anderen durchsetzen, dabei aber nicht durch Unhöflichkeit oder schlechtes Benehmen zum Außenseiter werden. Genauso viel Gewicht wird zum anderen jedoch darauf gelegt, dass die jungen Leute nicht nur an sich selbst denken, sondern dass sie zugleich hilfsbereit und tolerant sind" (vgl. hierzu ebenso Brehm 2010: 2ff.).

Auch auf der Ebene der Erziehungspraktiken sind zeitgeschichtlich entsprechende Veränderungen festgestellt worden (Kalicki et al. 2002: 176), vor allem haben sich liberalere Umgangsmuster kontinuierlich durchgesetzt. Das fängt bei der Reinlichkeitserziehung an und setzt sich bis zur Ablehnung der Prügelstrafe als Erziehungsmittel fort. Doch von verbaler Ablehnung ist nicht gleich auf entsprechendes Handeln zu schließen, und so geben in mehreren Untersuchungen Eltern und Kinder an, Gewalt angewendet bzw. elterliche Gewalt erlebt zu haben (vgl. zusammenfassend Schneewind 2002: 136ff.; Bussmann 2007: 642). Aber auch umgekehrt gilt: 90% betonen, keine körperlichen Strafen zur Durchsetzung ihrer elterlichen Vorstellungen anzuwenden (vgl. auch Schütze 2002; Schneewind 2002).

Dagegen werden heutzutage den Kindern schon im frühen Alter Entscheidungen zugemutet. Man kann denselben Sachverhalt selbstverständlich auch anders formulieren: „Heutigen Kindern werden im Vergleich zu vorausgehenden Kindergenerationen größere Handlungsspielräume und mehr Entscheidungsmacht über ihre eigenen Lebensverhältnisse zugewiesen" (Preuss-Lausitz et al. 1990: 11).

Schütze konstatiert aufgrund einer Sekundäranalyse über Veränderungen im Eltern-Kind-Verhältnis seit der Nachkriegszeit bis zur Gegenwart ferner: „Eltern sind heute in kaum zu überbietender Weise um ein ‚kindgerechtes' und ein ‚kindzentriertes' Verhalten bemüht" (1988a: 111; ähnlich Schütze 2002), ob sie ihre eigenen Ansprüche jedoch einlösen, hierüber sagen die vorliegenden empirischen Untersuchungen nichts aus. Büchner et al. haben aus der Sicht von 10- bis 15-jährigen Jugendlichen das wahrgenommene elterliche Erziehungsverhalten festgehalten. Sie schreiben: „Unsere Daten zeigen, daß sich die moderne Leitnorm der ‚Erziehung zur Selbstständigkeit' (gemessen an der hohen Respektierung kindlicher Interessenäußerungen und an der geringen Zustimmung zur Anwendung elterlicher Strafen) als dominantes Muster für moderne Eltern-Kind-Beziehungen in über 2/3 der Familien vor allem aus höheren sozialen Statusgruppen durchgesetzt hat. Umgekehrt ist eine deutlichere Elternzentriertheit der Eltern-Kind-Beziehungen und eine vergleichsweise größere Distanz zwischen Eltern und Kindern nur noch in etwa 1/3 der Familien zu finden, die eher aus niedrigen sozialen Statusgruppen kommen. Gleichzeitig zeigen unsere Ergebnisse aber auch, daß das Miteinander-Reden, um eine gemeinsame Lösung zu finden, und das Erklären von Entscheidungen seitens der Eltern wichtige Grundpfeiler für modernisierte Eltern-Kind-Beziehungen generell sind" (Büchner et al. 1996: 226; ebenso Kalicki et al. 2002). Die Kinder selbst – mindestens mit Schuleintritt – betonen ebenso, dass sie, vor allem, wenn es um Entscheidungen geht, die sie selbst betreffen, immer um ihre Meinung gefragt werden, unabhängig von der sozialen Schicht (Alt und Gloger-Tippelt 2008: 16).

Diese kindorientierte Pädagogik setzt jedenfalls stärker auf eine „zähe Verhandlungsarbeit in Form von Erklärungen und Diskussionen als auf Ge- und Verbote. Diese neuen Erziehungspraktiken verlangen demnach sehr viel Zeit und Energie" (Teichert 1990: 18) und kognitive Kompetenz. Diese Entwicklung hatte de Swaan bereits 1982 mit den kurzen Worten „vom Befehls- zum Verhandlungshaushalt" treffend beschrieben (zum Befehlshaushalt vgl. ausführlicher Ecarius 2007: 149). Dieser vor allem während der letzten 30 Jahre erfolgte Prozess hat jedoch weitere Folgen: Verhandeln ist schließlich ein kommunikativ-reflexiver Prozess, der auch den Spracherwerb fördert und Sprachkompetenz voraussetzt. Gleichzeitig wurde es möglich, sich in den Verhandlungen auf die eigenen Bedürfnisse und Emotionen zu beziehen und hiermit Ansprüche zu legitimieren. Überhaupt setzte sich eine „Versprachlichung von Erziehung" (Nave-Herz 2006: 202) durch.

Du Bois-Reymond ist in einer qualitativen Studie diesen neuen Erziehungsidealen und den Verhandlungsstrategien nachgegangen und stellte fest: „Affektausbrüche sowohl von Eltern als auch von Kindern werden toleriert, die Informalisierungstendenz der letzten Jahrzehnte erlaubt es, daß Kinder zu ihren Eltern ‚blöde Kuh' oder ‚hört doch endlich auf mit eurem ewigen Gelaber' sagen – und daß auch Eltern sich zugestehen, mal ‚auszuflippen'. Aber dahinter steht das Ideal eines beherrschten, rationalen Diskurses, des ‚vernünftigen' und ‚ruhigen' miteinander Redens, um zu einem Kompromiß zu kommen. Die Eltern stehen hierbei unter einem hohen ‚kulturellen Druck', um liberal und offen zu sein und ihr Erziehungsverhalten nach diesen Prinzipien zu modellieren; naturgemäß unter einem höheren als ihre noch jungen Kinder. Diese reagieren u.U., eben weil sie noch weniger imstande sind zu einer Emotionskontrolle, auf den verbalen ‚Overkill' an Vernunftargumenten mit Abwehr. Aus Kindersicht können wir in diesen Fällen von ‚Pseudo-Verhandlungshaushalten' sprechen; pseudo in dem Sinn, daß die elterliche Definitionsmacht von angemessenem Verhalten vom Kind (noch) nicht modifiziert oder gebrochen werden kann" (1991: 9; vgl. hierzu auch Ecarius 2002).

Die Erziehungspraktik der „Verhandlungsstrategie" beginnt zwar heutzutage bereits in der Kleinkindphase, wird aber – wie bereits betont – deutlich fortgesetzt im Jugendalter.

Für diese Phase gilt aufgrund vieler empirischer Erhebungen, vor allem auch aufgrund von Replikationsuntersuchungen, im Übrigen der gleiche Wandel: „Die Eltern sind bemüht, Verständnis für ihre adoleszenten Kinder an den Tag zu legen, ihnen eher als Freunde, denn als Autoritätspersonen zu begegnen, Entscheidungen gemeinsam zu treffen, Kompromisse auszuhandeln und sich in vielen Hinsichten den Jugendlichen anzupassen, anstatt Anpassung an eigene Prinzipien und Verhaltensmuster zu verlangen" (Schütze 1993: 345; ebenso Allerbeck und Hoag 1985; Schütze 2002).

Evtl. ist dieser Tatbestand darauf zurückzuführen, dass es heute den früher als typisch bzw. „normal" gegoltenen Generationskonflikt nicht mehr gibt, jedenfalls aus der Sicht der Jugendlichen.

Denn in mehreren – in unterschiedlichen Jahren durchgeführten – Untersuchungen wurden Jugendliche nach ihrem Verhältnis zu ihren Eltern befragt. Diese Ergebnisse zeigen eine gleich gebliebene positive und enge Beziehung zwischen den Jugendlichen und ihren Vätern und ihren Müttern; sie werden als Ratgebende, Vertraute usw. benannt und ihre „Wichtigkeit" und ihr „prägnanter" Einfluss betont (vgl. z.B. Büchner et al. 1996: 227; Ecarius 2002; Shell-Studie 2010: 228ff.). Oswald schreibt in einer Sekundäranalyse über das Eltern-Kind-Verhältnis im Zeitvergleich zusammenfassend: „Ein seit Jahrzehnten in unterschiedlichen westlichen Ländern stabiles Ergebnis soziologischer Jugendbefragungen besteht darin, daß die überwiegende Mehrheit der Jugendlichen angibt, ein gutes Verhältnis zu ihren Eltern zu haben ... emotional dominiert die Mutter, sie ist vor dem Vater die bevorzugte Vertrauensperson, die hilft, Konflikte löst, tröstet und geliebt wird" (1989: 368ff.; ähnlich Shell-Studie 2010: 279). Die Konfliktgespräche sind über die Jahrzehnte gleich geblieben und beziehen sich überwiegend auf die Themen: Kleidung, Hilfe im Haushalt, Geschwisterstreit, Unordentlichkeit (vor allem im Hinblick auf das eigene Zimmer), tägliche Rücksichtnahme, Schulleistungen, zu spät nach Hause kommen (Pikowsky und Hofer 1992: 213; Büchner et al. 1996: 166).

Gleiches gilt für die neuen Bundesländer. Einstellungsmessungen von Jugendlichen zeigen, dass auch nach der politischen Wende die große Mehrheit von ihnen angibt, dass die Beziehungen zu ihren Eltern „sehr gut" oder zumindest „gut" sind (jeweils 42%, insgesamt also 84%), wobei auch hier das Verhältnis zur Mutter als noch besser als zum Vater beschrieben wird (Mansel et al. 1992: 32ff.; Büchner at al. 1996). Die betontere Stellung der Mütter als elterliche Bezugsperson in den neuen Bundesländern bestätigen auch die Ergebnisse der Shell-Studie von 1992. Diese Erhebung zeigte bereits, dass Jugendliche im Osten und im Westen Deutschlands ihre Eltern als Ratgeber für die verschiedensten Lebensbereiche heranziehen, in politischen Fragen auch ihre Mutter (Shell-Studie 1992: 292ff.). Die Shell-Studien vom Jahr 2000 und von 2010 zeigen eine noch höhere Zufriedenheitsrate von Jugendlichen mit ihren Eltern als Erziehungspersonen (Shell-Studie 2000: 59 und 2010: 238).

Leider gibt es keine empirische Untersuchungen, die zeigen, ob das von den Jugendlichen so positiv geschilderte Verhältnis zu ihren Eltern von diesen Eltern ebenso beschrieben wird.

5.3 Die Auswirkungen der (fehlenden) Geschwistergemeinschaft auf den Sozialisationsprozess der Kinder

Es ist zunächst noch einmal zu betonen, dass mit dem Rückgang der Geburtenzahlen ein Anstieg der Ein-Kind-Familien und ein Rückgang der Mehr-Kinder-Familien verbunden war. Es wäre aber falsch anzunehmen, dass die Bundesrepublik sich zu einer Einzelkind-Gesellschaft entwickelt hätte. 25% aller Kinder wachsen in dieser Familienform auf; 48% aller Kinder haben eine Schwester oder einen Bruder und 27% sammeln Erfahrungen mit einer größeren Geschwistergemeinschaft. In den neuen Bundesländern ist der Anteil an Ein-Kind-Familien weit höher (=35%), aber auch hier wächst dennoch die Mehrzahl mit Geschwistern auf (=65%; Stat. Bundesamt vom 3.8.2011: 13). Jedoch bleibt, dass weit mehr Kinder als früher heute in Kleinfamilien leben.

In Kap. 3 wurde bereits betont, dass der – auf den ersten Blick betrachtet – rein quantitative Vorgang der Veränderung der Familiengröße durch Reduktion der Geburtenzahl ebenfalls qualitative Auswirkungen auf die innerfamilialen Interaktionsbeziehungen hat, da gruppendynamische Prozesse auch durch die Gruppengröße bestimmt werden.

Auf die hiermit veränderten familialen Interaktionsbedingungen soll zunächst kurz eingegangen werden, um dann nach den Sozialisationsauswirkungen im Hinblick auf eine fehlende Geschwistergemeinschaft zu fragen.

In der Familiensoziologie im Gegensatz zur Psychologie hat das Thema der Auswirkungen der Geschwisterzahl auf den elterlichen und kindlichen Lebenszusammenhang keine Tradition, obwohl bereits Simmel (1917) sich mit dieser Frage beschäftigt hatte (vgl. die Analyse von Geschwisterbeziehungen unter dem Makro-Aspekt bei Nave-Herz 2006a). Doch zwei gruppensoziologische Veränderungen im elterlichen Erziehungsverhalten können benannt werden, die nur in kleinen Familien praktizierbar sind (einen detaillierten Überblick über die psychologische Geschwisterforschung – auch über kontroverse Untersuchungsergebnisse – gibt Gloger-Tippelt 2007: 157 ff.).

Im vorhergehenden Abschnitt wurde der Wandel in den Erziehungspraktiken hin zur Verhandlungsstrategie beschrieben. Dieses Erziehungsverhalten ist aber überhaupt nur in der heutigen kleinen Familie durchführbar. So betont Bertram (1988: 67 ff.), dass in Ein- und Zwei-Kinder-Familien die Kinder eher die Chance haben, als Partner von der Mutter betrachtet zu werden, mit denen ähnlich wie mit dem Ehepartner ein gegenseitiges „Aushandeln" der jeweils individuellen Wünsche und Bedürfnisse möglich ist, weil die Kommunikation völlig individuumsbezogen ablaufen kann, während bei einer höheren Kinderzahl wegen des Beiseins von Geschwistern die Mutter gleichzeitig auch mit der Gruppe der Kinder umgehen muss.

Wegen dieser individuellen und engen Interaktionsbeziehungen zwischen Müttern und Kindern in der heutigen Kleinfamilie wird es – worauf Claessens bereits 1967 hinwies – ferner eher möglich, den Kindern die Relativität von Werten zu übermitteln. Man kann hier das Paradoxon praktizieren, dass bei Nicht-Beachtung von gesellschaftlichen Normen diese Handlungen als Ausnahme begründbar bleiben und somit die Autorität der darüber stehenden Werte nicht grundsätzlich infrage gestellt, sondern gleichzeitig betont und damit bestärkt wird. Diese im täglichen engen Umgang vermittelte und erlernte „dynamische Toleranz" im Hinblick auf die gleichzeitige Nicht-Beachtung und Achtung von sozio-kulturellen Werten bietet ferner die Möglichkeit, widersprechende Werte mit universalem Geltungsanspruch – wie sie für komplexe Gesellschaften charakteristisch sind – auf der Individualebene auszubalancieren und damit sozialstrukturelle Konflikte zu entschärfen. Für Claessens ist deshalb gerade die Kleinheit unserer heutigen Familien gesellschaftlich funktional.

Doch treten hierdurch Diskontinuitäten zwischen familialer und institutioneller Sozialisation, vor allem zunächst im Kindergarten und dann später in der Grundschule auf. So kann hier – schon wegen der Gruppengröße – nicht in dem Maße, wie im Familienbereich die „Relativität der Werte" praktiziert, sondern müssen absolute Werte vertreten und gelernt werden. Insofern ist die Kindergartenerziehung nicht mehr ausschließlich als verlängerte Familienerziehung zu beschreiben; der Kindergarten ist eine eigene neue notwendige und bedeutende Sozialisationsinstanz für Kinder geworden, der eine eigene gesellschaftliche Funktion zugewachsen ist. Leider kann auf die hiermit verknüpften vielfältigen Probleme hier aus thematischen Gründen nicht weiter eingegangen werden.

In letzter Zeit wird häufig die Einzelkindproblematik mit Schwierigkeiten in der Schule, vor allem in der Grundschule in Verbindung gebracht. Vermutet wird, dass die Klagen der Grundschullehrerinnen und -lehrer über Anpassungsschwierigkeiten der Kinder und Störungen des Unterrichts mit Diskrepanzerlebnissen von Einzelkindern zusammenhängen, die in der Schule plötzlich in größeren Gruppen zurechtkommen müssen.

Auch unter entwicklungspsychologischem Aspekt wird die geringe Geschwisterzahl häufig negativ bewertet. Vor allem wird aus Einzelkindsituationen auf die Ausprägung bestimmter Eigenschaften und Verhaltensweisen geschlossen, die eher mit „gemeinschaftsfeindlich" zu umschreiben sind, so dass man wegen des starken Anstiegs von geschwisterlosen Kindern um die Zukunft unserer Gesellschaft bangen möchte.

Zum Beispiel schreiben Forer und Still: „Beim Einzelkind, insbesondere bei Jungen, scheint das Fehlen von Wettbewerb das Selbstvertrauen zu steigern. Die Welt gehört ihm, und es kennt keine Herausforderung, der es nicht gewachsen wäre. Einzelkinder sind meist dominant, wortgewandt und perfektionistisch ... Sie (sind) stets eifrig bemüht, der Autoritätsfigur zu gefallen – sei es der Mutter, dem Chef oder dem militärischen Vorgesetzten" (Forer und Still 1982: 22).

Andere Autoren betonen, dass Einzelkinder von ihren Eltern tendenziell hohe Zuwendungen, Aufmerksamkeit, aber auch Überfürsorglichkeit erfahren und damit eher zu egoistischem Verhalten neigen und streitsüchtiger wären. Ferner würden sie sich besonders stark an den Konsumgewohnheiten ihrer Eltern, also Erwachsener, orientieren und jegliche „kindtypischen" Wünsche und Einkäufe vermissen lassen (Rolff und Zimmermann 1992: 25; zur Kritik vgl. Nave-Herz und Feldhaus 2005).

In der Ehepaar-mit-einem-Kind-Konstellation ist zudem strukturell der Ablösungsprozess von der Mutter erschwert, weil das Kind stets auf sie verwiesen ist, was zu einer emotional besonders intensiven Mutterbeziehung führen kann. Auch von der Mutter und/oder dem Vater können notwendige Forderungen an das Kind unterbleiben aus Angst, damit die emotionale Beziehung mit ihm zu gefährden. Bei mehreren Kindern ist der Emotionsverlust von einem Kind eventuell eher „zu verkraften". Oder die Elternkonstellation ist so stark, dass das Kind sich tendenziell ausgeschlossen fühlt.

Toman hat ferner aufgrund einer Analyse von 2300 Familien festgestellt, dass die Ehescheidungswahrscheinlichkeit bei Einzelkindern höher als bei anderen ist (Toman 1989: 213).

Positiv wird in der Literatur hervorgehoben, dass Einzelkinder gegenüber Erstgeborenen bessere kognitive Leistungen aufweisen und im Intelligenztest signifikant besser abschneiden würden (Paetzold 1992: 77; Schmid et al. zit. bei Rollin 1993).

Dass das Einzelkind im Vergleich zu Geschwisterkindern sozial depriviert sein müsste, könnte man auch aus den Beschreibungen von Geschwistergemeinschaften für die Entwicklung des Einzelnen ableiten. Denn nur – so wird argumentiert (vgl. Rollin 1993: 147) – unter seinesgleichen kann das Kind so früh wie möglich lernen sich zu streiten, sich wieder zu verbünden, Schläge einzustecken und auszuteilen, Recht zu haben oder Unrecht, Dominanz zu bestrafen und selbst dafür gestraft zu werden, zu konkurrieren, zu gewinnen, zu verlieren (Solloway 1999). Die altersgemischte Geschwistergemeinschaft bietet also die Möglichkeit, frühzeitig Integrationsprobleme lösen zu lernen. Familienergänzende Betreuungseinrichtungen könnten diese „Zwangsgemeinschaften" nicht ohne weiteres ersetzen.

Schon durch den Übergang vom Einzelkind zum Geschwisterkind werden frühzeitig Erfahrungen gesammelt und müssen psychische Verarbeitungen erlernt werden, auf die bereits Freud hingewiesen hat. Er schreibt wörtlich: Das ältere Kind „fühlt sich entthront, beraubt, in seinen Rechten geschädigt, wirft einen eifersüchtigen Haß auf das Geschwisterchen und entwickelt einen Groll auf die ungetreue Mutter, die sich sehr oft in einer unliebsamen Veränderung seines Benehmens Ausdruck schafft. Es wird etwa ‚schlimm', reizbar, unfolgsam und macht seine Erwerbungen in der Beherrschung der Ausscheidungen rückgängig" (Freud 1972: 131).

Auch aus neueren Untersuchungen geht hervor, dass die Hälfte der Mütter nach der Geburt des zweiten Kindes negative Verhaltensveränderungen beim ersten Kind registriert, wie Schlafprobleme, Rückzugsverhalten, Weinerlichkeit, Anklammern, Trotz usw. (vgl. zusammenfassend Nave-Herz und Feldhaus 2005: 111 ff.). Diese „Entthronung" und Eifersucht heißt es zu verkraften, und das Kind muss seine Rolle als „ältere Schwester" oder „älterer Bruder" langsam erlernen.

Vor allem im späteren Kindesalter bilden Geschwister häufig ein eigenes System in der Familie, und das bedeutet, dass einerseits die Mutter in ihrer Betreuungsfunktion hierdurch entlastet und andererseits, dass die Kinder damit weniger auf die ständige Präsenz der Eltern oder eines Elternteils als Ansprechpartner angewiesen sind, als dies bei Einzelkindern der Fall ist. Sie können durch Geschwisterbeziehungen Kooperation, Sympathie, Hilfsbereitschaft (z.B. bei Schulaufgaben) und vor allem die gegenseitige Verteidigung gegen Außenstehende erfahren. Die Geschwister können eine Koalition bilden und somit als stärkerer „Verhandlungspartner" gegenüber den Eltern auftreten. Überhaupt kann bei zwei oder mehr Kindern die Einheit der Geschwistergruppe ein Gegengewicht zu den Eltern bilden, und dies sowohl im Falle zu großer Nähe als auch zu großer Distanz zu den Eltern.

Tiefenpsychologen betonen ferner in ihren aus therapeutischer Praxis gewonnenen Erkenntnissen über Geschwisterbeziehungen, dass gerade bei solchen Geschwistern, denen es an elterlicher Zuwendung mangelte, eine besonders enge Beziehung und tief greifende wechselseitige Loyalität ausgeprägt ist.

Die letztgenannten Forschungsbefunde zeigen zweifellos Erfahrungsmöglichkeiten auf, die nur Geschwisterkinder, nicht Einzelkinder, sammeln können. Aber auch nicht jedem Geschwisterkind eröffnet sich diese Erfahrungswelt.

So können Geschwistergemeinschaften auch gekennzeichnet sein durch Neid, Konkurrenz, durch dauernde Kämpfe um materielle Dinge, durch die Rivalität um die Zuneigung der Mutter und/oder des Vaters, durch gegenseitige Erniedrigungen u.a.m, wie schon aus der Bibel zu entnehmen ist (vgl. hierzu auch Solloway 1999).

Es gibt also nicht *die* Geschwistergemeinschaft, sondern für das einzelne Kind kann eine Geschwistergemeinschaft sehr Unterschiedliches bedeuten und damit auch unterschiedlichen Einfluss auf seinen Entwicklungsprozess nehmen. Der Geschwisterkonstellationsforschung hat man zu Recht vorgeworfen, dass ihre Sichtweise zu monokausal wäre, die Unterschiedlichkeit nach dem Altersabstand der Geschwister zu wenig beachtet wäre, dass sie ferner Kompensationsmöglichkeiten (z.B. durch Spielgruppen) nicht einbeziehen und die Stärke des geschwisterlichen Einflusses auf den Sozialisationsprozess überbetone. Insofern ist vor allem auch die in der Literatur häufig praktizierte dichotomische Sichtweise („Einzelkind" versus „Geschwistergemeinschaft") unzulänglich.

Zusammenfassend lässt sich festhalten: In der Einzelkindsituation können zwar bestimmte soziale Erfahrungen nicht gesammelt werden, aber diese sind nicht nur und immer als positiv unterstützend für die kindliche Entwicklung zu bewerten. Überhaupt stehen sich Vor- und Nachteile gegenüber. Jedenfalls ist die ausschließlich defizitäre Interpretation der Lage von Einzelkindern zu ersetzen durch eine genauere Analyse des gesamten familialen Settings.

Aus den vorhandenen Belegen wissen wir aber bereits, dass – wenn auch die Zahl von Einzelkindern und von Zweier-Geschwistergemeinschaften weiter steigen wird – wir uns deshalb nicht zwangsläufig zur Gemeinschaft von Egoisten verwandeln werden.

Wir wissen ferner, dass für Einzelkinder selbst der Weg bis zum Erwachsensein nicht unbedingt schwerer ist als für Geschwisterkinder. Aber die Mütter von Einzelkindern haben es schwerer (vgl. Kap. 3). Ferner zeigen die Kinderstudien, mit denen die unmittelbare subjektive Sicht von Kindern erhoben wurde, dass Einzelkinder „gleich glücklich sind wie Geschwisterkinder; doch mehr als ein Drittel von ihnen hätte gern noch einen Bruder/eine Schwester" (Alt 2009: 33).

5.4 Veränderungen der familialen Beziehungen durch das Schul- und Ausbildungssystem

Ende der 1960er/Anfang der 1970er-Jahre ist eine heftige und öffentliche Kritik über unser Schulsystem zunächst durch bildungsökonomische Fragestellungen ausgelöst worden, dann durch die

Forderung nach Bildung als Bürgerrecht (vor allem durch Hamm-Brücher und Dahrendorf aufgestellt) und schließlich durch die Studentenbewegung, die den in der Verfassung verankerten Grundsatz der Chancengleichheit nicht eingelöst sah. Statistiken und zahlreiche empirische Untersuchungen zeigten nämlich, dass die Schule zwar dem Anspruch nach ein Instrument der sozialen Mobilität zu sein vorgibt, es de facto aber nicht ist, sondern bestehende soziale Ungleichheit stabilisiert. Diese Diskussion über die „schichtenspezifische Sozialisationsthese" hat aber bis heute nicht zur Aufhebung der unterschiedlichen Sozialchancen der Jugendlichen je nach Elternhaus (Becker und Lauterbach 2004; Loeber und Scholz 2003; Hovestadt und Eggers 2007) und zu einer kompensatorischen Erziehung in der Schule geführt, sondern allein zu einer höheren Leistungsanforderung und stärkeren Verunsicherung vieler Eltern. Denn erst durch diese sind sich viel mehr Eltern heute als noch vor 40 Jahren bewusst, dass „Begabt-" oder „Nicht-Begabt-Sein" kein „naturgegebenes Schicksal" ist, wie es zuvor definiert wurde, und dass Sozialisationsdefizite auch auf elterliches Verhalten zurückgeführt werden können.

So kann es heute eher zu Angstzuständen vor dem offen zutage tretenden Versagen der Elternrolle kommen. Die Angst, keine „gute" Mutter zu sein, ohne zu wissen, was eigentlich eine gute Mutter ist, lässt viele Eltern bzw. Mütter häufig Probleme, die es immer in der familialen Erziehung gibt, nicht mehr mit der angemessenen Ruhe, Geduld, ja Distanz, betrachten. Das gilt schon für bestimmte Erziehungssituationen im Kleinkindalter, aber besonders später dann für Schulprobleme.

Vor allem sind seit Mitte der 1970er-Jahre die Bildungsaspirationen bei allen Eltern – unabhängig von der sozialen Schicht und von ihrem eigenen Schulausbildungsniveau – gestiegen (Busch und Scholz 2002). Die Mutter sowie der Vater legen heute auf die schulischen Leistungen ihrer Kinder verstärkt Wert und akzeptieren sogar die Verantwortung der Familie für die Hausaufgaben. Zwei von drei Eltern sehen sich gezwungen, Aufgaben der Schule zu übernehmen (volker.clement@mastermedia.de). Meistens hilft übrigens die Mutter. Berufstätige Mütter unterscheiden sich nicht von Hausfrauen im Umfang ihrer Hausaufgabenhilfe. Väter ziehen sich weitgehend aus dem Hausaufgabengeschäft zurück. Dieses hohe elterliche Engagement bedeutet aber auch eine erhebliche psychische Belastung für beide Seiten, für die Mütter und die Kinder, und hat zur Folge, dass Hausaufgaben eine primäre Quelle für Ärger sind. Es überwiegen dabei emotionale Reaktionen der Mütter, vor allem im verbalen Bereich (Schimpfen, Schreien, Ermahnen, Verbieten). Auch in der Untersuchung von Büchner et al. werden von den 10- bis 15-Jährigen Schulleistungsprobleme als häufiger „Konfliktstoff" in der Beziehung mit ihren Eltern genannt.

Es betätigen sich also die heutigen Mütter sehr viel mehr als ihre eigenen Mütter als Hauslehrerinnen für ihre Kinder und geben die Nachhilfe, die die Schule ihnen z.Zt. nicht zu bieten vermag. Pross hatte bereits in den 1970er-Jahren darauf hingewiesen, dass hieraus insbesondere für Frauen eine doppelte Schwierigkeit erwächst: Sind sie „in der Lage, den neuen Anforderungen zu genügen, dann bedeutet das einen gegenüber dem Traditionellen beträchtlichen Zusatzaufwand an Zeit und Energie für die Familienfunktion. Sind sie der neuen Aufgabe nicht gewachsen, dann fehlt ihnen die Sachautorität in der Familie und dadurch die Möglichkeit, sich durch sachliche Kompetenz gegenüber den Jugendlichen zu behaupten. Besonders benachteiligt sind die Frauen der Unterschichten, deren Kinder mehr lernen als sie selber lernen konnten" (1972: 72).

Vor allem aber hat die Schule damit – ohne großes öffentliches Aufsehen zu erregen – Funktionen an die Familie zurückverlagert und damit die sozialen Ungleichheiten verstärkt (vgl. hierzu ausführlicher Busch und Scholz 2002). In den ersten Schulklassen wirken sich noch die unterschiedlichen Fähigkeiten der Eltern in Bezug auf die Hausaufgabenbetreuung auf die schulischen Chancen der Kinder aus; werden diese also von dem Können der Eltern mit abhängig gemacht. In den höheren Klassen können dann die ökonomisch besser gestellten Eltern diese Aufgabe an bezahlte „professionelle Helfer" delegieren, d. h. ihren Töchtern und Söhnen besondere Unterstützung durch Nachhilfeunterricht ermöglichen (vgl. hierzu ausführlicher Busse und Helsper 2007: 332 ff.).

Insgesamt ist in Bezug auf die erwähnte bildungspolitische Diskussion seit Ende der 1960er/Anfang der 1970er-Jahre bis heute festzuhalten, dass also nur eine einseitige Anpassung des Elternhauses an die Erziehungsziele des Bildungssystems erfolgte, was zuvor nur für Eltern einer bestimmten kleinen sozialen Schicht galt. Und so ist weiterhin durch die Wirkung bestimmter sozialer Mechanismen der Grundsatz der Chancengleichheit in der Bundesrepublik Deutschland nur formal erfüllt, de facto ist soziale Mobilität durch die Schule nur sehr bedingt gegeben, wenn auch – vor allem aufgrund des allgemeinen Anstiegs an Absolventen bzw. Absolventinnen höherer Bildungsabschlüsse – von einer gewissen Lockerung dieses zuvor sehr strikten Verweisungszusammenhanges gesprochen werden kann. Noch immer also gilt, dass die Schule als „Mittelklassen-Institution" vom Schüler u. a. eine aufstiegsorientierte Motivationsstruktur, die Entwicklung von „deferred gratification pattern" verlangt, Verhaltensmuster, die in unteren sozialen Schichten weniger stark ausgeprägt sind. Ferner ist die finanzielle Lage der Eltern (vgl. ausführlicher hierzu Becker und Lauterbach 2002) und das kulturelle Milieu, dem sie angehören, für den schulischen Sozialisationsprozess ihrer Kinder weiterhin von Bedeutung: Das Vorhandensein eines eigenen Arbeitsraumes, von lexikalischen u. a. Hilfs- und Lernmitteln, von Sprachreisen, Theaterbesuchen u. a. m. Das Sprachmilieu als „Instrument der intellektuellen Weltbewältigung" spielt ebenfalls eine Rolle; denn weiterhin gilt, dass das Kind durch den in seiner Familie herrschenden Sprachcode, auf den bereits Bernstein (1959) und Oevermann (1969) hingewiesen haben, sprachlich in der Schule direkt benachteiligt wird; oder aber es erfährt infolge seines elaborierten Sprachcodes, durch die damit erlernten semantischen und syntaktischen Muster, in seiner Entwicklung kognitiver Prozesse eine frühzeitige und ständige Förderung.

Weil über die Vermittlung von Leistungsmotivation, Wertorientierungen und sprachlichen Fähigkeiten sich die Struktur sozialer Ungleichheit zu reproduzieren scheint, wird auch erklärbar, warum es ebenso in der DDR seit den 1970er-Jahren eine unterschiedliche Verteilung in den weiterführenden Schulen und Universitäten nach sozialer Herkunft gab, wie man nach der Wende den veröffentlichten Untersuchungen entnehmen kann (z. B. Bathke 1990: 119).

Die Kinder privilegierter Eltern erleben nicht nur eine größere Übereinstimmung von Familien- und Schulkultur als die übrigen Kinder, sondern die Lehrer können auch mit vielfältigeren und reichhaltigeren Unterstützungsleistungen dieser Herkunftsfamilie rechnen. Untersuchungen über Kooperationsbeziehung von Familie und Schule machen beispielsweise sehr deutlich, dass sich diese Eltern über Lehrerkontakte, Klassenpflegschaftssitzungen, Schulkonferenzen, Schulleiterbesuche usw. in schulische Tätigkeiten einbringen (Busse und Helsper 2007: 334).

Begründet wurden in der schichtenspezifischen Sozialisationsthese die unterschiedlichen Einstellungs- und Verhaltensmodi sowie Sprachcodes der Eltern mit ihren unterschiedlichen Anforderungen, die an sie an ihrem Arbeitsplatz gestellt würden und mit ihrer sozialen Stellung in der Erwerbsarbeits-Hierarchie. Doch fehlt noch immer der empirische Beweis über die damit vermuteten Transferwirkungen zwischen verschiedenen gesellschaftlichen Teilbereichen (Arbeitsplatzsituation – Familie). Dennoch betonen m.E. Sommerkorn und Abrahams zu Recht: „Auch wenn es der schichtenspezifischen Sozialisationsforschung bisher nicht gelungen ist, institutionelle Sozialisationsprozesse zwischen Arbeitswelt und Familie als entscheidende Vermittlungsmechanismen im gesellschaftlichen Perpetuierungszirkel von sozioökonomischer Privilegierung und Benachteiligung auszumachen, so kann das nicht dahingehend interpretiert werden, die soziale Herkunft und die materiellen Lebensbedingungen seien nun doch ohne Bedeutung. Im System gesellschaftlicher Ungleichheit sind Unterschicht-Familien nach wie vor in vielerlei Hinsicht sozialen Benachteiligungen ausgesetzt. Das Paradoxon nun ist, daß es den schichtenspezifischen Sozialisationsforschern trotz – oder wegen? – aller Plausibilität bisher nicht gelungen ist aufzuweisen, auf welche Weise soziale Ungleichheit in der Familie – und anderswo – perpetuiert wird" (1976: 88). Dieser Sachverhalt gilt leider auch noch heute.

Inzwischen wird von manchen Autoren die These der Verflüssigung von Schichtgrenzen postuliert. Die materiellen Verbesserungen in unserer Gesellschaft haben zu einer Enttraditionalisierung ständisch eingefärbter Klassenlagen geführt. Demgegenüber zeigen jedoch auch neuere Erhebungen, dass ein Zusammenhang zwischen sozialer Herkunft der Eltern (vor allem gemessen an ihrem Ausbildungsniveau, der Berufsposition und ihrer finanziellen Lage) und dem erreichten Bildungsniveau der Kinder besteht (Becker und Lauterbach 2002; Hovestadt und Eggers 2007). Doch bleibt: Auch diese neuen Untersuchungen vermögen wiederum nur Korrelationen zwischen quasi objektiven Merkmalen der sozialen Lage und der Stellung in der Schichthierarchie zwischen Eltern und Kindern nachzuweisen, aber nicht, ob (und wenn: ja, wie) Mentalitäten, Spracherwerb u.a.m. innerhalb der Familie „sozial vererbt" werden, was aber die schichtenspezifische Sozialisationsthese unterstellt. M.a.W.: Die Bedeutung der familialen Sozialisation für den Schulerfolg und damit für die spätere Berufsposition der Kinder ist erwiesen, aber noch immer ist die Verknüpfung der verschiedenen Ablaufprozesse unbekannt. Unbestritten ist in der Wissenschaft ferner, dass überhaupt der Familie im Leben von Kindern zum Erwachsen-Werden eine bedeutende Rolle zukommt. Selbstverständlich verlaufen derartige Wirkungsprozesse weder unilinear, noch deterministisch, sondern es handelt sich um aktive Auseinandersetzungsprozesse auch seitens der Kinder.

Die Leistungsanforderungen an die Eltern durch die Veränderungen im Bildungssystem haben sich während der vergangenen Jahrzehnte ferner im Hinblick auf die ökonomischen Aufwendungen, die Eltern ihren Kindern heute vielfach bis ins junge Erwachsenenalter gewähren bzw. auch formal-rechtlich gewähren müssen, erhöht. Durch die Zunahme von Schülern und Schülerinnen in den weiterführenden Schulen und Universitäten, durch die sog. „Bildungsexpansion", sehen sich viele Eltern in einer völlig anderen sozialen Lage als ihre eigenen Eltern.

Die Verlängerung der Ausbildungs- und Berufsfindungszeiten (also der spätere Einstieg in eine dauerhafte Erwerbsposition), das gesunkene Angebot an bezahlbaren Wohnungen, das Vorhandensein eines eigenen Zimmers und die liberaleren Einstellungs- und Verhaltensmuster der Eltern (z.B. zu sexuellen Bedürfnissen), das Versorgt-Sein durch die Mutter hat seit den 1970er-Jahren das Auszugsalter der Kinder aus dem Elternhaus erhöht (vgl. Szydlik 2000). Man spricht deshalb bereits von den heutigen „Nesthockern". Ferner haben die ökonomischen Unterstützungsleistungen seitens der Eltern gegenüber ihren Kindern insofern zugenommen, weil die Eltern nicht nur die Kosten des Lebensunterhalts übernehmen, sondern die Mehrzahl der Jugendlichen noch bis zum 18./19. Lebensjahr ihr frei verfügbares Taschengeld von ihren Eltern heutzutage erhält (Vaskovics und Schneider 1989: 405; Büchner et al. 1996: 58ff.), jeder elfte Jugendliche sogar über 100,– Euro (www.bankenverband.de 2011). Selbst nach Erreichen ihrer Volljährigkeit können Jugendliche sowohl in den alten als auch in den neuen Bundesländern nicht auf die elterliche Unterstützung verzichten, zumal sie sich noch lange Zeit in Ausbildungsinstitutionen befinden.

Unter austauschtheoretischer Perspektive wäre anzunehmen, dass diese gestiegenen und einseitigen materiellen Unterstützungsleistungen gegenüber den Kindern seitens der Eltern, also die sehr unausgeglichene „Leistungsbilanz" zwischen den Eltern und den Jugendlichen, zu Konflikten führt. Dennoch könnte das Gefühl des „Ausgenutzt-Werdens" eventuell insofern bei den Eltern gar nicht entstehen, weil immaterielle Werte (die emotionale Beziehung, der Stolz auf die Kinder oder die Möglichkeit, den „Gegenwert" im Alter abrufen zu können u.a.m.) den notwendigen Ausgleich bewirken. Wie schon im vorigen Kapitel erwähnt, fehlen uns leider empirische Untersuchungen, die die Beziehungen zwischen den Jugendlichen und ihren Eltern aus der Sicht der Mutter und des Vaters thematisieren.

Die geschilderte positive Beziehung zwischen Kindern/Jugendlichen und ihren Eltern darf aber nicht zu einer Verklärung des Familienlebens verleiten; diese positive Grundstimmung schließt keineswegs zwischenmenschliche Konflikte aus; es können sogar positive Gefühle mit Gewaltbeziehungen einhergehen, wie im Folgenden gezeigt wird.

5.5 Gewalt in der Familie: ein neues Problem?

Gewalt in der Familie hat es zu allen Zeiten gegeben, was sich verändert hat, ist die Einstellung zur Gewalt.

Bis noch vor ca. 40 Jahren wurde das Phänomen „Gewalt in der Familie" sowohl in der Öffentlichkeit als auch in der Wissenschaft überhaupt nicht thematisiert. Die Tabuisierung dieses gesellschaftlichen Problems könnte auf verschiedene Gründe zurückführbar sein:

Einerseits, weil das Idealbild der Familie gerade mit den Attributen „gewaltfrei" und „liebevoll" beschrieben wird, weil die Familie Geborgenheit und Schutz ihren Mitgliedern bieten soll, ist der normative Anspruch auf harmonische innerfamiliale Beziehungen so hoch, dass eine andere Vorstellung gar nicht zugelassen, geradezu tabuisiert wurde („Weil – so schließt er messerscharf – nicht sein kann, was nicht sein darf"/Morgenstern).

So ist auch in der familiensoziologischen Literatur noch bis weit in die 1970er-Jahre hinein das Wort „Gewalt" mit Familie kaum in Verbindung gebracht worden; es wurde lediglich von Konflikt und Macht in Bezug auf familiale Beziehungen gesprochen. Erst durch die Frauenforschung wurde das Thema „Gewalt in der Ehe" wissenschaftlich aufgegriffen und hat letztlich eine öffentliche Diskussion ausgelöst, die bis heute an Aktualität nichts eingebüßt hat und zur Gesetzesänderung führte (vgl. Nave-Herz 2006: 164).

Zum anderen galten – in zurückliegenden Zeiten – sogar bestimmte Gewaltanwendungen im Familienbereich als legitim und als Erziehungsmittel zur Förderung des „Guten", was immer man darunter verstand. Hinzu kommt, dass Gewalt innerhalb des Familienbereiches häufig mit der spezifischen Botschaft verbunden war, dass Liebe und Gewalt sich nicht auszuschließen brauchen, sondern dass im Gegensatz zwischen beiden Aspekten ein enger Zusammenhang bestehen kann (Bussmann 2007: 646).

Diese Einstellungen sind z.B. aus vielen alten Spruchweisheiten und auch aus der Bibel zu entnehmen, wie die folgenden Verse illustrieren:

„Verschone deinen Sohn nicht mit der Rute, sonst kannst du ihn nicht bewahren ‚vor dem Bösen'". – „Züchtige deinen Sohn, denn es ist noch Hoffnung, lass' dir nicht beikommen, ihn dem Verderben preiszugeben" (zit. bei Dürr 1932: 71).

„Beuge ihm den Hals, weil er noch jung ist; bläue ihm den Rücken, weil er noch klein ist ... Vielleicht hat es die göttliche Vorsehung in unseren Landen mit Fleiß also gefüget, daß es so vieles Gebüsche bey uns giebet, damit wir der Straf-Instrumente wegen bey der unbändigen Jugend ja keinen Mangel hätten" (zit. bei Peiper 1955: 185).

„Wenn deine Frau Unrecht tut, so eile nicht sofort mit Beschimpfungen und Schlägen hinzu; zunächst, erkläre ihr mit Liebe und Geduld ihr Unrecht, und lehre sie, es nicht wieder zu tun, um Gott nicht zu mißfallen, ihrer Seele nicht zu schaden und dir und sich selbst nicht Schande einzubringen ... (Wenn jedoch) die sanften Worte keinen Erfolg bringen, dann beschimpfe sie, bedrohe sie oder schüchtere sie ein. Und wenn auch das nicht hilft, so nimm einen Stock und schlage sie fest ..., aber nicht im Zorn, sondern aus Sorge um ihre Seele, so daß die Prügel dir zur Tugend und ihr zum Guten reichen" (zit. bei Benard und Schlaffer 1978: 19).

Noch im Allgemeinen Preußischen Landrecht von 1794 war das „Recht der mäßigen Züchtigung" des Ehemannes gegenüber seiner Ehefrau festgeschrieben. Wenn dieses auch 1812 per Edikt gestrichen wurde, so nahm man – nach Honig (1988: 191) – diese rechtliche Veränderung kaum zur Kenntnis, so dass das Züchtigungsrecht erst mit Einführung des Bürgerlichen Gesetzbuches im Jahre 1900 als abgeschafft gelten kann.

Zeitlich noch länger galt gegenüber dem Kind das elterliche Recht der körperlichen Züchtigung; und der Einsatz von Züchtigungsmitteln war erlaubt, solange nicht der Straftatbestand der Misshandlung erfüllt wurde. Statt „elterliche Gewalt" spricht jedoch der Gesetzgeber seit 1980 nur noch von „elterlicher Sorge". Schließlich wurde mit dem § 1631, Abs. 2 BGB vorgeschrieben, dass Kinder gewaltfrei zu erziehen sind. In der Rechtsprechung steht nunmehr das Prinzip des „Kinderwohls" immer im Mittelpunkt von Entscheidungen (vgl. ausführlicher Nave-Herz 2003: 167ff.).

Dennoch gibt es auch heute noch bestimmte Spruchweisheiten, die zwar nicht mehr zur Gewalt auffordern, aber die die Anwendung körperlicher Strafen bagatellisieren sollen: „Ein Klaps hat noch niemanden geschadet" oder: „Eine ordentliche Tracht Prügel ist eben manchmal angebracht" oder: „Mir hat es schließlich auch nichts geschadet" (Buskotte 1992: 73).

Ob jede körperliche Strafe mit einer Misshandlung von Kindern gleichzusetzen ist, ist in der Wissenschaft umstritten. Hier wird bereits durch die Begriffsdiskussion (was ist Misshandlung?) deutlich, wie fließend die Übergänge zwischen „gewaltsam misshandeln" und „noch nicht schädigend" sind. Selbst die heute allgemein anerkannte Begriffsbestimmung von „Gewalt" zieht diese Grenzen nicht klar:
Mit „Gewalt" bezeichnet man jede aktive Handlung (oder auch Duldung bzw. Unterlassung), die an der Durchsetzung des eigenen Zieles bei einer anderen Person orientiert ist, ohne Rücksicht auf damit verbundene physische oder psychische Schäden bei dieser.
Fließend sind ebenso die Grenzen zwischen den Formen der Gewaltanwendung, wie sie üblicherweise unterschieden werden (körperliche, psychische und sexuelle Gewalt).

Obwohl Familien bestrebt sind, jegliche Gewaltanwendung nicht öffentlich werden zu lassen, werden 75 % der durch Gerichte verurteilten Kindesmisshandlungen von einem Elternteil oder einem nahen Verwandten durchgeführt. Von allen Kindern und Jugendlichen haben nach ihrer Auskunft 21 % öfter schwere körperliche Züchtigung durch die Eltern erfahren (Bussmann 2007: 643). Wenn also Kinder Gewalt erfahren, dann mit größerer Wahrscheinlichkeit im Familienbereich als in öffentlichen Räumen.

Den quantitativen Umfang von Gewaltanwendungen in der Familie, sogar von Misshandlungen, bestimmen zu wollen, ist kaum möglich. Selbst die Kriminalstatistik, die die diesbezüglich rechtlich verurteilten Personen ausweist, ist kaum aussagefähig, da die Dunkelziffern gerade, was das Gewaltphänomen und speziell die sexuelle Misshandlung in der Familie anbetrifft, hoch sind. So wollen andere Familienmitglieder – z. B. die Mütter in Bezug auf die sexuelle Gewalt ihrer Ehemänner gegenüber ihren Töchtern – zumeist den Tatbestand gar nicht wahrhaben und verdrängen Verdachtsmomente; sie werden schließlich – wenn ein Ausweichen nicht mehr möglich ist – Veränderungen treffen, aber den Sachverhalt nicht „öffentlich" machen. „Verheimlichungen" innerhalb der Familie und nach außen lassen Gewaltphänomene in vielen Familien als nicht existent erscheinen und damit werden diese auch statistisch „ausgeblendet". Die Kriminalstatistik weist ferner einen sog. Schicht-Bias auf, weil in gehobenen Schichten Misshandlungen bereits durch die Wohnweise eher „vertuscht" oder aber „umgedeutet" werden können. Dagegen zeigen Fallstudien aus psychologischen Praxen, dass das Problem „Gewalt in der Familie" nicht nur auf eine bestimmte soziale Schicht begrenzt ist.

Behauptet wird ferner, dass die Gewalt in der Familie, vor allem die Misshandlungen gegenüber Kindern, zeitgeschichtlich angestiegen seien. Gegen diese Behauptungen spricht zwar die Abnahme der rechtlich verurteilten Fälle wegen Kindesmisshandlung, Kindestötung und Kindesvernachlässigung in den letzten Jahren, aber andererseits ist ein zahlenmäßiger Anstieg der „Selbstmelder" oder „Selbstmelderinnen" in Beratungszentren und in den Ambulanzen von Kinderkliniken zu verzeichnen; ferner hat die quantitative Zunahme von Hilfe suchenden Frauen in Frauenhäusern (nunmehr auch in den neuen Bundesländern) zugenommen. Doch auch diese Statistiken sind wenig aussagekräftig, da nicht bekannt ist, ob dieser Anstieg auf eine stärkere Sensibilisierung, Gewalt als Durchsetzungsmittel bei Beziehungskonflikten nicht mehr zu dulden und/oder nicht ertragen zu müssen, zurückzuführen ist. Ferner können Zu- und Abnahmen in der Kriminalitätsstatistik auf einem veränderten Anzeigeverhalten (und damit auf einer Veränderung lediglich der Dunkelquoten) beruhen.

Aber schließlich ist die Frage, ob die Zu- oder Abnahme von Gewalt empirisch belegbar ist oder nicht, nicht die wichtigste, sondern der Tatbestand, dass – auch heute noch – Gewalt in der Familie existiert, obwohl die gravierenden psychischen Folgen für die Betroffenen (auch als Langzeitschäden) wissenschaftlich erwiesen sind: Neben den unmittelbaren körperlichen Folgen, die bei Vernachlässigung und physischer Misshandlung sowie bei sexuellem Missbrauch auftreten können, gibt es eine Reihe psychischer Schäden, die im Zusammenhang mit vorangegangenen Gewalterfahrungen stehen können: Misshandelte und geschlagene Kinder leiden häufig unter Ängstlichkeit, Schuldgefühlen, Minderwertigkeitskomplexen, Kontakt- und Schulschwierigkeiten, Depressionen, Isolation, psychosomatischen Erkrankungen, Misstrauen gegenüber anderen. „Ob und welche (bleibenden) körperlichen und psychischen Schäden sich als Folgen von Misshandlungserfahrungen wie Gewalteinwirkung oder Vernachlässigung für das Kind einstellen, ist von mehreren Faktoren abhängig ... Sicherlich spielt die Intensität und Dauer dieser Erfahrung eine Rolle, aber auch die Beziehungsqualität zwischen Verursacher und Opfer. Je enger das Verhältnis zwischen dem Kind und dem Verursacher der Misshandlung war, desto stärkeren emotionalen Einfluss hat das Erleben auf das Opfer" (Fegert und

Walper 2012: 201). Psychotherapeutische Erfahrungen zeigen außerdem einen engen Zusammenhang zwischen Gewalterlebnissen in der Kindheit und aggressiven Verhaltensweisen von Jugendlichen und Erwachsenen (Schneewind 2002; Deergener 2009: 825).

Im Familienbereich gibt es nicht nur die Gewaltanwendungen von Eltern gegenüber ihren Kindern und zwischen den Ehepartnern, sondern auch die zwischen den Geschwistern und von Kindern gegenüber ihren Eltern.

Gewalttätigkeiten zwischen den Geschwistern werden im häuslichen Bereich seitens der Eltern zwar beklagt, aber zumeist gleichzeitig als harmlos, bei Jungen als Übungsmöglichkeit zur Entwicklung von Männlichkeit, als naturgegebene Rivalität und Vorübung für spätere berufliche Konkurrenz gedeutet, ohne zu bedenken, dass hierdurch Gewaltanwendung als Konfliktlösungsstrategie frühzeitig erlernt wird.

Die Gewaltanwendung von Kindern und Jugendlichen gegenüber ihren Eltern gehört zu den stärksten gesellschaftlichen Tabus. Die Mütter und Väter verleugnen zumeist – zumindest über lange Zeit hindurch – diesen Sachverhalt, weil sie auf diese aggressiven Verhaltensweisen ihrer Kinder mit Schuldgefühlen, nämlich in ihrer Elternrolle versagt zu haben, reagieren. Amerikanische Forscher berichten, dass 18% von allen heranwachsenden Jungen und Mädchen körperliche Gewalt, die von Faustschlägen bis zur Waffenbenutzung reicht, ihren Eltern gegenüber angewandt haben und dass die Zahl der Mütter in den Frauenhäusern zunimmt, die vor ihren körperlich aggressiven Söhnen Hilfe suchen. In der Bundesrepublik gehört das Problem „Gewalt der Kinder gegen ihre Eltern" und „Geschwistergewalt" zu den bisher wenig erforschten Themen.

Auf die Frage nach den verursachenden Bedingungen im Hinblick auf die Ausübung von Gewalt in der Familie sind familienendogene und -exogene Faktoren sowie bestimmte individuelle Eigenschaften von Familienmitgliedern zu nennen, die zumeist nur, wenn sie kumulativ gegeben sind, Gewalt auslösen. Als familienendogene Fakten werden in der Literatur genannt: die selbsterfahrene Gewalt; sie erhöht das Risiko der Gewaltbereitschaft (vgl. Schneewind 2002; Bussmann 2007: 642). Offenbar lernen Kinder am Modell ihrer Eltern, Gewalt als Konfliktlösungstechnik zur Durchsetzung eigener Wünsche gegenüber den nächststehenden Menschen anzuwenden. Spezifische – zumeist anhaltende – Verhaltensweisen der Kinder – trotz vielfacher Ermahnungen und Drohungen – z. B. Quengeleien, Unruhe, Lärm u.a.m. oder ungewöhnliche Eigenschaften lösen bei

Eltern zuweilen aggressive Reaktionen aus. Ferner erhöhen angeborene Missbildungen und von der Norm abweichendes Aussehen das Risiko für das Kind, misshandelt zu werden. Ferner wird auch die Unfähigkeit der Familien, grundlegende Regeln sozialen Verhaltens einzuüben, für Gewaltausübung verantwortlich gemacht. Weiterhin beurteilen Eltern ihre Kinder häufig nur nach Leistungen, insbesondere nach Schulleistungen, und teilen Zuneigung entsprechend aus oder versagen sie und reduzieren somit das Selbstwertgefühl ihrer Kinder. Aber gerade ein beeinträchtigtes Selbstwertgefühl wird wesentlich für Gewaltbereitschaft bei Jugendlichen verantwortlich gemacht. Auch langanhaltende Spannungen und Konflikte zwischen den Ehepartnern kurz vor der Scheidung oder Trennung können zur Anwendung physischer Gewalt eskalieren. In einer Studie über verursachende Bedingungen von Ehescheidungen gaben 29% der Frauen und sogar 13% der Männer an, dass ihr Partner bzw. ihre Partnerin gegen Ende der Ehe Gewalt angewendet hätten (Daum-Jaballah 1990: 122). Außerdem prädestinieren Suchtabhängigkeiten, bestimmte Persönlichkeitsvariablen, Depressionen, Selbstwertprobleme, rigide und machtorientierte Erziehungseinstellungen zur Gewaltausübung in Konfliktfällen.

Als familienexogene Bedingungen wurden genannt: eine angespannte finanzielle Lage, Stress am Arbeitsplatz, Verlust des Arbeitsplatzes (sei es durch den Statuswechsel zum Rentner, sei es durch Arbeitslosigkeit, sei es durch freiwillige Aufgabe der Erwerbstätigkeit wegen der Kinder u.a.m.), Überforderung durch fehlende Rahmenbedingungen und Entlastungen (z.B. bei mütterlicher Erwerbstätigkeit, im Pflegefall von Angehörigen oder in Notfällen).

Neben den bisher beschriebenen interaktionistischen Ansätzen gibt es auch strukturelle Theorien zur Erklärung des familialen Gewaltphänomens. So hat Wahl (1989; ähnlich Bussmann 2007: 645) in seiner These von der „Modernisierungsfalle" darzustellen versucht, dass auch durch die Struktur der modernen Familie Gewaltpotenziale entstehen können: Er bezeichnet als Mythos der Moderne das Gesellschafts- und Weltbild des Fortschritts, die Verheißungen des selbstbewussten, autonomen Individuums und der liebesbegründeten Familie. Diese gesellschaftlich anerkannten Ziele konfrontiert er mit der realen gesellschaftlichen Modernisierung, um damit aufzuzeigen, welche Konsequenzen das Ergebnis dieser Konfrontation für die individuelle und familiale Lebenswirklichkeit hat. Mangelnde Anerkennung, berufliche Misserfolge, nicht geglückte Aufstiegshoffnungen könnten die Selbstachtung dermaßen beeinträchtigen, dass sich die Aggressionen gegen die eigene Person richten, in psychosomatischen Reaktionen, Depressionen oder suizidalen Impulsen, aber auch im sog. „stummen Leid". Andererseits kann auch frustriertes Warten auf Unterstützung von außen – z. B. durch die Familie, die helfen soll, ein bestimmtes Selbstbild zu verwirklichen oder überhaupt erst zu entwickeln – zu aggressiven Handlungen i.S. der Identifikation mit dem Aggressor, also zu Verhaltensweisen führen, deren Folgen andere betreffen: Fragwürdige Bestätigung wird in Form stellvertretender Machtdemonstration bei Schwächeren gesucht (z. B. bei Kindern oder alten Menschen), andere Menschen werden in neurotisierende Strategien zur Kompensation eigener Selbstbilddefekte eingebunden, Enttäuschung mündet in Aggression.

Letztlich ist es also die Summe aus psychischen Variablen, bestimmten familienendogenen sowie -exogenen Bedingungen, vor allem wenn diese letzteren kumulativ auftreten, ferner ein chronisches Sich-Überfordert-Fühlen, häufig verbunden mit überhöhten Erwartungen an Ehe und Familie, die das Gewaltrisiko im Familienbereich bedingen und nicht – wie früher häufig angenommen – allein auf eine „abweichende Persönlichkeit in Gestalt des Vaters oder Mutter".

Familiale Gewaltanwendung ist heutzutage ferner durch die erklärte Exklusivität und Privatheit der Kernfamilie sowie durch die moderne Wohnweise weniger kontrollierbar als noch vor 40 oder 50 Jahren und kann deshalb eher in exzessive Formen münden, wohingegen in früheren Zeiten Nachbarn, die Herkunftsfamilie, sonstige Verwandte und Freunde bei tätlichen Auseinandersetzungen frühzeitiger Einhalt boten und mögliche „psychische Verwahrlosungen" bei Kindern auffingen.

Die Exklusivität der Familie wird auch dadurch verstärkt, dass ihre Mitglieder ihre freie Zeit überwiegend zusammen und/oder im häuslichen Familienbereich verbringen; dieser familiale Wandel soll deshalb im Folgenden dargestellt werden.

6. Familiales Freizeitverhalten

Der familiale Strukturwandel, vor allem die Emotionalisierung und Intimisierung der familialen Binnenstruktur, hat der Familie eine neue gesellschaftliche Funktion zugewiesen, die uns heute so selbstverständlich erscheint, dass wir gar nicht annehmen, dass sie nicht immer zu den Aufgaben der Kernfamilie zählte: nämlich das gemeinsame Verbringen von Freizeit.

Doch ein kurzer Rückblick auf die Geschichte zeigt, dass noch im vorigen und am Anfang dieses Jahrhunderts Freizeit überwiegend in alters-, geschlechts- und berufsspezifischen Gruppierungen (je nach Anlass) verbracht wurde. Freizeit diente der Integration des Einzelnen in die ihn umgebenden Gruppen (Hausgemeinschaft, Nachbarschaft, Kirchengemeinde, Gleichaltrigengruppe usw.), nicht dem Rückzug in einen – wie immer gearteten – privaten bzw. familialen Bereich.

Die Konzentration des Verbringens von Freizeit mit Mitgliedern der Kernfamilie setzte verstärkt noch nach dem Zweiten Weltkrieg – vor allem Ende der 1950er und in den 1960er-Jahren – ein als Reaktion auf die gesellschaftlichen Krisen- und Umbruchzeiten, die eine besondere Familienbezogenheit und -betonung ausgelöst hatten.

Auch in der DDR wurde möglichst die Freizeit im Familienbereich und für die Familie genutzt, nur war diese begrenzt: durch die Ganztagsschulen, den Hort, die Erwerbsarbeitszeiten der Eltern, die Auslagerung von Mittagsmahlzeiten u.a.m. Das häusliche Zusammensein war auf sehr wenige Stunden reduziert (nach Hinsching auf ca. 2 Stunden; 1991: 118). An den Wochenenden musste zwar auch freie Zeit formellen (öffentlichen) Gruppen gewidmet werden, aber die Samstage und Sonntage blieben überwiegend „Familientage". Seit der „Wende" nimmt die Familie im täglichen Zeitbudget einen weit höheren Stellenwert ein.

Heute wird – wie empirische Erhebungen zeigen – die Freizeit in den alten und in den neuen Bundesländern überwiegend im Familienbereich verbracht, wobei zu unterscheiden ist, ob gemeinsame Freizeitaktivitäten unternommen werden oder ob Freizeitaktivitäten nur im Beisein von Familienmitgliedern bzw. im Wohnbereich stattfinden.

Interessant ist, dass beide Formen der Freizeitgestaltung zugenommen haben, dass sie also in keinem Substitutionsverhältnis stehen, sondern insgesamt zu einer stärkeren familienkonzentrierten Freizeitverwendung geführt haben. Durchschnittlich verbringen Eltern – überwiegend die Mütter – nach einer Tagebuchaufzeichnung und einer Befragung von 468 Eltern und 388 Kindern im Alter von 3–19 Jahren etwa 4 Stunden mit ihren Kindern. Mit zunehmendem Alter nimmt die gemeinsam verbrachte Zeit ab (Behrens und Rathgeb 2012: 88).

Empirische Erhebungen belegen: Es ist eine grundlegende Tendenz abzulesen, dass die am häufigsten ausgeübten Aktivitäten zugleich diejenigen sind, die gemeinsam mit der ganzen Familie, bzw. im Familienbereich verbracht werden sowohl an Werktagen, aber noch stärker an Wochenenden; und das sind: Fernsehen, Gespräche, gemeinsames Essen, Ausruhen. Die am häufigsten genannten Gesprächsthemen behandeln schulische Fragen, den Freundeskreis der Kinder, die Freizeit- und Wochenendplanung, das Tagesgeschehen und die Alltagserlebnisse sowie die Fernsehsendungen und Zeitungsmeldungen (Behrens und Rathgeb 2012: 89). Sie scheinen also weniger eltern- als kindbezogen zu sein. Ferner ergibt sich ein phasentypischer Verlauf familialer Freizeitverwendung (Nauck 1989: 338): In der Phase der Primärsozialisation sind die Freizeitaktivitäten individualistisch oder ehepaarbezogen (Phase der Paarzentrierung und Gruppenbildung). In der nächsten Phase werden viele Freizeitaktivitäten überwiegend mit allen Familienangehörigen gemeinsam unternommen (Phase der Familienzentrierung). Am Ende der dritten Phase, wenn die gruppenbezogene Freizeit abnimmt, steigen die Freizeitbeschäftigungen zwischen einem Elternteil und den heranwachsenden Kindern an und erreichen hier ihre Maximalwerte (Phase der beginnenden Gruppenauflösung).

Aus dem Umfang der gemeinsam verbrachten Zeit aller Familienmitglieder ist selbstverständlich weder über die subjektive Wertschätzung dieser Freizeitwahl, noch auf ein bestimmtes Familienklima oder auf spezifische Sozialisationswirkung zu schließen. Dennoch werden im Alltag allzu schnell andere Familien, die selten gemeinsame Freizeitaktivitäten durchführen, in denen jedes Mitglied überwiegend – und nicht nur zeitweilig – von der Kernfamilie unabhängige Freizeitaktivitäten wählt, als „Problemfamilien" etikettiert. Daraus wird ersichtlich, wie stark das familiale Freizeitverhalten zur Norm wurde; denn Normen erkennt man schließlich vor allem bei ihrer Negierung durch das Auslösen negativer Sanktionen.

Aus der familienzentrierten Freizeitgestaltung darf aber nicht auf eine Isolierung der Kernfamilie geschlossen werden. Schon aus der häufig gemeinsam unternommenen Freizeitaktivität (Besuche machen) ist zu entnehmen, dass sehr wohl die Familie als Ganzes Außenkontakte pflegt.

Einen zeitgeschichtlichen Wandel im Freizeitverhalten hat es vor allem für Kinder und Jugendliche gegeben. So wurde die Möglichkeit der Kinder, vor allem in Städten, sich auf der Straße, im Hof oder Garten zu treffen und zu spielen, nicht nur durch die fehlende nachbarschaftliche Spielgruppe aufgrund des Geburtenrückganges, sondern – wie allgemein bekannt – auch durch das gewachsene Verkehrsaufkommen und durch den von ökonomischen Bedingungen geprägten Städtebau stark eingeschränkt.

Deshalb hat das Konzept der öffentlichen Spielplätze nach Auskunft von 8–9jährigen Kinder hohe Attraktivität. Gefragt nach den beliebtesten außerfamilalen Freizeitaktivitäten steht „auf den Spielplatz gehen" an erster Stelle (= 88 %), gefolgt vom Besuch des Schwimmbades (86 %) und „einen Sport machen" (84 %). Bei den 9–11 Jährigen verliert bereits der Spielplatz an Bedeutung (72 %) und das Schwimmbad rückt an die erste Stelle (= 91 %), gefolgt von dem Sport (= 87 %) und ins Kino- bzw. Theatergehen (= 85 %; Zerle 2008: 348).

Ihre Freizeitaktivitäten spielen sich heutzutage stärker in öffentlichen institutionellen Räumen (Sporthallen, Schwimmbäder, Musik- und Balletträumen usw.). ab. Auch die Vereine haben an Bedeutung – vor allem bereits in der frühen Kindheit – gewonnen. Mehr als die Hälfte der im Kinderpanel befragten Mütter gaben an, dass ihre 5–6jährigen Kinder Mitglied in einem Sport-, Musik-, Theater- oder Tanzverein sind. Ab 8 Jahren sind bereits drei Viertel in einem Verein aktiv. Die Zugehörigkeit zu Sportvereinen korreliert mit der sozialen Schicht und dem Alter. Die jüngeren Kinder treiben Sport vorwiegend als Familienaktivität mit den Eltern oder Geschwistern (Zerle 2008: 349 ff.).

Zeitgeschichtlich betrachtet, ist also an die Stelle der Kinder-Straßenöffentlichkeit und des spontanen Spiels in privaten Gärten und Höfen eine spezialisierte und in öffentlichen Räumen stattfindende Freizeitkultur getreten. Doch muss betont werden, dass die Straße als Spielort – jedenfalls in der Stadt – schon immer ein schlechtes Image hatte, ablesbar an der Bezeichnung „Straßenkind" und sie selten von Kindern gehobener Schichten genutzt werden durfte.

Vor allem aber wurde die Freizeitgestaltung der Kinder und Jugendlichen von der Straße nicht nur in öffentliche institutionalisierte Räume, sondern in den Familienbereich verlegt. Aus diesem Grund kann man von einer „Verhäuslichung des Kinderspiels" sprechen. Mit verursachend für diesen Sachverhalt sind die gestiegene Wohnqualität (die Mehrzahl der Kinder verfügt über ein eigenes Zimmer) und der Spielzeugkonsum. Hinzu kommt, dass die Wohnung und das Kinderzimmer heutzutage reichlich mit Geräten aus der Unterhaltungselektronik ausgestattet sind, die besonders Jungen schätzen.

Besonders stark hat die Internet-Nutzung in den letzten 10 Jahren zugenommen. Das Internet hat sich – unabhängig von der sozialen Schicht – flächendeckend verbreitet (16. Shell-Studie 2010: 101). Aus den Angaben des Kinderpanels ist zu entnehmen: „Die Nutzung von Computern gehört heute zum Standard in der Freizeitgestaltung der Kinder" (Zerle 2008: 354).

Die Hälfte der jugendlichen Internetnutzer im Alter von 12–25 Jahren gibt an, mehrmals täglich (24 %) oder so gut wie täglich (26 %) Zeit bei den Lokalisten, Facebook, Schüler- oder Studi-VZ und weiteren vergleichbaren Webseiten zu verbringen (16. Shell-Studie 2010: 103). Über das Abhängigkeitspotential des Internets wird in der Wissenschaft kontrovers diskutiert. Unbestritten aber ist, dass das Genre „Onlinerollenspiel" als besonderer Risikofaktor im Hinblick auf eine Suchtgefährdung gelten kann (Rehbein, Kleimann und Mößle 2009). Zur Vorbeugung der Computersucht laufen deshalb zur Zeit Pilotprojekte, um die Eltern einerseits für die Abhängigkeitsproblematik hinsichtlich bestimmter Spielformen, aber auch gleichzeitig im Hinblick auf andere Gefahren bei der Internet-Nutzung zu sensibilisieren, andererseits um ihnen mehr Medienkompetenz zu vermitteln.

Nicht nur über Internet, sondern auch über ein Handy verfügen heute bereits alle Kinder im frühen Alter. Noch in den 1950er und 1960er-Jahren war das Telefon noch nicht sehr verbreitet; 1953 verfügten nur 13% aller Haushalte in der (alten) Bundesrepublik über ein Telefon, das vor allem ein Kommunikationsmittel zwischen Erwachsenen war. Diese Situation hat sich völlig verändert. Mit dem Spracherwerb lernen die Kleinstkinder heute gleichzeitig das Telefonieren. Vor allem im Jugendalter wird das Telefon dann nicht nur häufig für Gespräche mit Freunden und Freundinnen, sondern jedes Mal zeitlich ergiebig genutzt.

Diese Art der Freizeitverwendung im häuslichen Bereich wird jedoch von vielen Autoren in ihrer Sozialisationswirkung negativ bewertet. So betont z. B. Büchner, dass mit der Möglichkeit, telefonisch individuelle Verabredungen mit einzelnen Spielpartnerinnen und -partnern treffen zu können, die Zahl der Kontaktpersonen rapide zugenommen hätte. Er folgert hieraus: „Statt weniger, dauerhafter und überschaubarer ... sozialer Beziehungen sind Kinder ... mit einer Vielzahl von zumeist kurzlebigen, meist oberflächlichen und ausschnitthaften Beziehungen konfrontiert" (1994: 22). Das gilt nunmehr ebenfalls in verstärktem Maße für die Handy- und insbesondere für die Internet-Freundschaftskreise.

Positiv dagegen bewerten Diskowski, Preissing und Prott aufgrund ihrer qualitativen Studie über „Technik im Alltagsleben von Kindern" die technische Entwicklung des Telefons für die Eltern-Kind-Beziehung: „Eine große Bedeutung hat das Telefon bei den von uns untersuchten Kindern für die Kontakte zu ihren Eltern. Vor allem durch deren Berufstätigkeit besteht von beiden Seiten aus das Bedürfnis, durch diesen Draht tagsüber die Beziehung aufrecht zu erhalten. Die Kinder holen sich über das Telefon die Erlaubnis für Aktivitäten, oder sie nutzen es, um über die Stimme des Elternteils Intimität und Geborgenheit zu erfahren. Es gibt ihnen Sicherheit, wenn sie das Bewußtsein haben, ihre Eltern erreichen zu können. Besonders an Abenden ist das Telefon der Rückhalt: Kinder wissen, daß sie für sich sind, aber die Eltern an- (oder herbei-)rufen können, um nicht allein sein zu müssen. Die berufstätigen Eltern wiederum sind bemüht, sich mit dem Telefon Sicherheit über die Situation ihrer Kinder zu verschaffen, und sie benutzen dieses Medium als Fernlenkung der Kinder. Sie erinnern per Telefon an Termine, schicken sie morgens zur Schule, mahnen die Erledigung von Aufgaben an und vergewissern sich, ‚daß alles in Ordnung ist'. Bei fast allen Familien fanden wir ein ausgeklügeltes System von Verabredungen und Ritualen rund um das Telefon" (1990: 99). Das Telefon wurde inzwischen vom Handy abgelöst, das die zuvor genannten Funktionen völlig und umfassender – durch die Entgrenzung von Raum – übernommen hat. Feldhaus schreibt zu recht: „Die Besonderheit jener neuen Kommunikationsform liegt in der raum-zeitlichen Auflösung von Kommunikation und einer damit einhergehenden ubiquitären Erreichbarkeit der Inhaber eines Mobiltelefons. Die Aufhebung räumlicher Beschränkungen steigert die Kommunikationsmöglichkeiten und damit die Leistungen des jeweiligen Systems in hohem Maße. Dies heißt nicht etwa, dass die familiale Interaktion unter Anwesenheit keine Rolle mehr spielt, sondern es unterstreicht lediglich, dass sich durch die Technik des Mobiltelefons die familialen Kommunikationsmöglichkeiten um eine grundsätzliche, zuvor noch nie in der Geschichte da gewesene Möglichkeit erweitert haben. Die Analysen des empirischen Materials zeigen hinsichtlich der Forschungsfrage nach den Chancen und Risiken von mobiler Kommunikation für den privaten Bereich, dass nach Aussagen der befragten Familien insgesamt die positiven Nutzenzuschreibungen an das Mobiltelefon überwiegen" (Feldhaus 2004: 181). Vor allem kann dieses durch seine soziale Kontrollfunktion im Hinblick auf die ubiquitäre Erreichbarkeit die Eltern in ihrer Erziehungsfunktion unterstützen (vgl. Nave-Herz, Feldhaus und Logemann 2006: 31).

Hinsichtlich der gesamten Mediennutzung spielt das Fernsehen in der Familie eine große Rolle. Am häufigsten wird beim Abendessen und vor dem Zubettgehen gemeinsam ferngesehen (Behrens und Rathgeb 2012: 91).

Über die Sozialisationswirkung des Fernsehens wird in der Öffentlichkeit sehr kontrovers diskutiert. Forschungsergebnisse belegen, dass sie nicht so unilinear verläuft, wie in den Alltagsvorstellungen häufig angenommen wird: Die Fernsehsendung wird aus jeweils individueller lebensweltlich verankerter Perspektive ausgewählt, und die „Fernsehwelt" wird ebenso durch diesen „Filter" wahrgenommen und mittels Wissen gedeutet, das überwiegend aus der Alltagswelt entstammt. Das bedeutet, dass dieselbe Fernsehsendung bei den einzelnen Zuschauern und Zuschauerinnen sowohl auf kognitiver als auch emotionaler Ebene unterschiedlich rezipiert wird und weiterhin noch durch die jeweils spezifische lebensweltliche Eingebundenheit „verarbeitet" wird. Sozialisationsgefährdend kann das Fernsehen für Kinder und Jugendliche vor allem auf zwei Ebenen wirken. Erstens: die stärkere passive Haltung der sog. „Vielseher" unter den Kindern ist zwar bereits eine Folge von vorhergehenden Sozialisationsdefiziten, der Fernsehkonsum kann dann jedoch diese noch verstärken. Zweitens: Fernsehsendungen würden nur dann im Sinne einer neuen Konstruktion von Realität beitragen, wenn bisher kein Wissen über diese Realität beim Rezipienten vorhanden ist. Deshalb kann von Fernsehsendungen, z. B. durch die Vermischung von Gewalt und Sexualität, eine nicht gewünschte sexuelle Sozialisation auf Kinder und Jugendliche ausgehen, wobei aber auch hierbei eine zu mechanistische Sichtweise ohne Berücksichtigung der jeweiligen sonstigen lebensweltlichen Eingebundenheit der Kinder zu kurz greifen würde.

Zu problematisieren ist die Mediennutzung vor allem dann, wenn neben dieser andere Freizeitaktivitäten kaum noch Platz haben, was aber – trotz vieler anders lautender Behauptungen – nur für eine kleine Gruppe von Kindern zutrifft. Über die Medien, insbesondere über das Fernsehen, werden dagegen die Kinder schon sehr früh in die Erwachsenenwelt einbezogen und mit den unterschiedlichsten Normen und Werten sowie Formen des Zusammenlebens und Auseinandersetzung konfrontiert. Außerdem müssen sie frühzeitig die Kompetenz erlernen, aus den vielfältigsten Medienangeboten auswählen zu können.

Aber gleichzeitig – so betont Fabian – schrumpft „mit der Mediatisierung der Lebenswelt von Kindern und Jugendlichen ... der Bereich des unmittelbaren Erlebens, während im gleichen Maße die Erfahrung aus zweiter Hand zunimmt. Zugleich wächst mit der Zunahme ikonischer Aneignungsweisen – neben Fernsehen sind hier Videos und Comics von Bedeutung – bei Kindern und Jugendlichen die Abneigung gegen die Anstrengung des Begriffes in der Lektüre. So ist denn bei vielen Jugendlichen die erste Reaktion, wenn man ihnen ein Buch empfiehlt, die Frage nach dem Umfang (‚Wie dick ist das?')" (1993a: 11).

Wenn – wie betont – die Mediennutzung bei Kindern und Jugendlichen in den letzten Jahrzehnten gestiegen ist und das Fernsehen, der Kassetten-Recorder/MP3-Player und das Telefon/Handy sowie das Internet eine wichtige Rolle innerhalb der Freizeitverwendung einnehmen, wäre es aber falsch, hieraus die Vorstellung abzuleiten, dass die heutige jüngere Generation durch die technische Entwicklung zu passiven Freizeitkonsumenten geworden wäre. Neben den Medien werden auch heute die traditionellen Freizeitaktivitäten von ihnen geschätzt und ausgeübt: Sport, Spielen, Musik machen, Lesen usw. Der Intensitätsgrad ist je nach Geschlecht, Schicht und Region unterschiedlich (Zerle 2008; 16. Shellstudie 2010).

Dass Massenmedien in derartigem Umfang das familiale Freizeitverhalten bestimmen, sagt allein noch wenig aus; z.B. muss nicht unbedingt der Häufigkeits- mit dem Beliebtheitsgrad korrelieren. Uns fehlen aber bislang empirische Untersuchungen, die nicht nur prüfen, ob und in welchem Umfang in der Familie ferngesehen wird, sondern wie, mit welcher Absicht, mit welcher inneren Beteiligung.

Darüber hinaus sind überhaupt empirische Untersuchungen über das Freizeitverhalten dringend notwendig, die den familialen Kontext mit einbeziehen und in der Lage sind, Aussagen über die gruppendynamischen Prozesse, die mit dem familialen Freizeitverhalten verbunden sind, zu treffen, also Interaktions- und Wirkungsanalysen, und zwar explizit auch unter konflikttheoretischem Aspekt. Erst dann wären fundierte Aussagen über das familiale Freizeitverhalten und vor allem über seine Folgen für die Erziehung und Bildung der Kinder möglich.

7. Gibt es (neue) Sozialisationsprobleme für alleinerziehende Eltern, Stieffamilien und homosexuelle Partnerschaften?

7.1 Alleinerziehende Eltern

Die Bezeichnung „alleinerziehende Eltern" bezieht sich im Folgenden auf jene Familien, in denen ein Elternteil (Mutter oder Vater) die alltägliche Erziehungsverantwortung für ein Kind (bzw. für mehrere) besitzt, mit dem es in einer Haushaltsgemeinschaft wohnt. Es kann unterschieden werden zwischen Mutter- und Vater-Familien (vgl. S. 16). Von nebensächlicher Bedeutung ist also die Sorgerechtsregelung (zur Begriffsproblematik vgl. Nave-Herz und Krüger 1992: 31ff.).

Diese Familienform wurde lange Zeit in der Familiensoziologie mit „unvollständiger Familie" bezeichnet. Gegen den Begriff „unvollständige Familie" wird in der Literatur eingewendet, dass hiermit eine normative Sichtweise verbunden wäre. Denn die Differenzierung von Familie in „vollständige" und „unvollständige" Familie lässt nur die vollständige Familienform als das „Normalitätsmuster" erscheinen. Die fehlende gleiche Anerkennung beider Formen würde sich damit schon auf sprachlicher Ebene widerspiegeln und weiter stabilisiert werden. Im Folgenden wird, um diese Wertungen zu vermeiden, von Eltern-Familien und Ein-Eltern-Familien (oder: Mutter- und Vater-Familien) gesprochen. Erwähnt sei, dass selbst in der Bezeichnung der Ein-Eltern-Familie, die heute üblich geworden ist, einige Autorinnen und Autoren, wie Hoffmann-Riem und Clason, eine Wertung sehen, und sie möchten die mittelalterliche Form wieder einführen. So kannte nämlich das Frühhochdeutsch (Grimm 1892; zit. bei Hoffmann-Riem et al. 1994: 171) die Singularform „Elter", die in der weiteren Sprachentwicklung sich nur noch als „Eltern", also als Paarbegriff erhalten hat, als Referenz auf eine Einheit zweier Menschen in Relation zu ihren Kindern.

Wie bereits in Kap. 2.2 betont, ist zwar der Anteil der Ein-Eltern-Familien in der Bundesrepublik an allen Familien in den letzten Jahren auf 19% gestiegen. Zu bedenken ist jedoch, dass ihr Anteil unmittelbar nach dem Zweiten Weltkrieg sehr viel höher war, vor allem solange noch viele Väter in Gefangenschaft waren (vgl. hierzu ausführlicher Bach 2001: 142f.). Ferner sind die Anteilsunterschiede zwischen West- und Ost-Deutschland groß: 18 % in den alten, 26 % in den neuen Bundesländern (vgl. hierzu Kap. 2.2 und die Abbildung 1 im Anhang). In Ost-Deutschland sind die Alleinerziehenden jünger und der Anteil lediger Mütter ist deutlich höher (Fux 2011). Weit überwiegend sind Alleinerziehende Ein-Kind-Familien (vgl. die Abbildung 2 im Anhang) und Mutter-Familien. Lediglich 10 % sind Vater-Familien. Der Anteil der Männer ist an allen Alleinerziehenden in den letzten Jahren sogar zurückgegangen. Überwiegend entstehen heute Ein-Eltern-Familien aufgrund von Scheidung (42 %) oder Trennung (17 %), nur 5 % durch Verwitwung (BMFSFJ 2008: 38/39). Ihr Anteil betrug 1989 noch 20 % (Stat. Jahrbuch für die Bundesrepublik Deutschland 1990: 58). Ob Väter in jenen Jahren noch überwiegend an Kriegsfolgen gestorben sind oder welche anderen verursachenden Bedingungen zu diesem Tatbestand geführt haben, ist aus der vorhandenen Literatur nicht zu entnehmen.

Aus der statistischen Randstellung der Ein-Eltern-Familie darf aber nicht geschlossen werden, dass diese Familien deshalb familienpolitisch bedeutungslos und wissenschaftlich nicht zu beachten wären. Denn gerade die Soziologie hat auch die Aufgabe, in ihre Analysen gesellschaftliche Minoritäten und ihre „Sorgen und Nöte" einzubeziehen.

In Ein-Eltern-Familien – so scheint es – gibt es eher Erziehungsprobleme als in anderen Familien, jedenfalls suchen alleinerziehende Mütter und Väter eher, schneller und öfter eine Beratungsstelle auf. Dieser Tatbestand könnte jedoch lediglich auf eine stärkere Unsicherheit und auf den Wunsch nach positiver Zustimmung zum angewandten elterlichen Erziehungsverhalten zurückzuführen sein.

Doch auch in wissenschaftlichen Veröffentlichungen wurde lange Zeit eine defizitäre Vorstellung von der Ein-Eltern-Familie vermittelt: So wurde festgestellt, dass Zusammenhänge bestünden zwischen „Vater- bzw. Mutter-Verlust" und der Geschlechtsrollenübernahme, Verhaltensschwierigkeiten im Kindesalter, der sexuellen Entwicklung, kriminellen Karrieren, Anpassungsschwierigkeiten an Kindergruppen, verzögerter persönlicher Reifung, Beeinträchtigung im Selbstkonzept, Beeinflussung im kognitiven Bereich, schlechten Schulleistungen u.a.m.

Die Fülle der Literatur kann hier im Einzelnen nicht behandelt werden. Die Untersuchungen – trotz ihrer Verschiedenartigkeit – zeigen aber alle übereinstimmend, dass bei vater- bzw. mutterlos aufgewachsenen Kindern mit spezifischen Entwicklungs- und Persönlichkeitsstörungen gerechnet werden *kann*, aber nicht *muss*. Es ist nämlich zu differenzieren nach: dem Grund und der Länge der Vater- bzw. Mutterabwesenheit, dem Alter sowie dem Geschlecht des Kindes, nach der Zahl und dem Geschlecht der Geschwister, nach der eigenen Stellung in der Geschwisterreihe, nach dem Vorhandensein von Großeltern und ihrem Verhältnis zu den Kindern usw. Vor allem muss auch die schlechtere sozio-ökonomische Lage der Ein-Eltern-Familie berücksichtigt werden, die problemverstärkend wirken kann. Vor allem bei vielen Frauen fällt nach der Trennung vom Ehemann die psychische Stresssituation mit einer aktuellen finanziellen Belastung, z. T. sogar mit einer ökonomischen Notlage zusammen, was von den Kindern nicht unbemerkt bleibt und bei ihnen zuweilen dann sogar zu Verhaltensauffälligkeiten in jener ersten Phase des Alleinerziehens führen kann.

Ist diese überwunden, können sie sogar besondere Kompetenzen eher erlernen als Kinder in Zwei-Eltern-Familien; vor allem sollen sie früher selbständig und psychisch reifer sein. Untersuchungen weisen darauf hin, dass alleinerziehende Mütter nicht weniger (wie häufig vermutet), sondern mehr soziale Kontakte und mehr Ansprechpartner bei Problemen und Konflikten haben als vergleichbare verheiratete Mütter und als vor der Alleinerzieherschaft. Sie vermögen es überhaupt sehr gut, ein funktionales Netzwerk aufzubauen (vgl. z. B. Erdmann 1997: 184; Schneider et al. 2001: 354; BMFSF 2008: 41). Dieses erweiterte soziale Umfeld, die stärkere Außenorientierung Alleinerziehender wirkt sich auch positiv auf die Kontakterfahrungen ihrer Kinder aus.

Ausschlaggebend für die Sozialisation der Kinder sind ferner die häusliche Atmosphäre, der Lebensstil und die Einstellung der alleinerziehenden Mutter bzw. des Vaters zu seiner Lebensform. Kurz gefasst: Vater- oder Mutterabwesenheit per se sagt nichts über die zu erwartende Richtung des Sozialisationsprozesses der Kinder aus.

Ferner zeigen neuere Untersuchungen, dass es gerade im Hinblick auf diese Familienformen heutzutage eine große Variationsbreite gibt (Schneider et al. 2001), und zwar vornehmlich auch in Bezug auf die Mutter-Familien: „Die Alleinerziehenden von heute sind nicht mehr nur die ‚gefallenen Mädchen', die den guten Rat ihrer Mutter, vor der Ehe ‚nicht zu weit zu gehen', in den Wind schlugen und ‚Schande' über die Familie brachten. Sie sind auch nicht mehr nur die verlassenen Ehefrauen, die die Hausfrauen-Ehe als ‚Lebensversicherung' ansahen, ihren Beruf über ihre Familienaufgaben ,vernachlässigten' und sich nach der Scheidung oft deprimiert und diskriminiert im sozialen und wirtschaftlichen Abseits wieder finden" (Permien 1988: 89). Diese klassisch zu nennenden Formen der Ein-Eltern-Familien sind – wie im Folgenden gezeigt werden wird – durch neue ergänzt worden.

Im folgenden Abschnitt wird auf die verschiedenen Ein-Eltern-Familien, gesondert nach ihrer Entstehungsursache (durch ledige Mutterschaft, Scheidung/Trennung, Verwitwung; vgl. die Familientypologie S. 17) eingegangen, da sie sich in ihren sozialen Lagen stark voneinander unterscheiden. Das gilt sowohl für die Vergangenheit als auch für die Gegenwart. Es wird ferner – entsprechend dem Untersuchungsziel – nur von den neuen Problemen durch den Strukturwandel der Familien berichtet; aber jeweils auch ein kurzer historischer Rückblick gegeben.

7.1.1 Mutterfamilien aufgrund lediger Mutterschaft

Das Ansehen lediger Mütter war in der Vergangenheit sehr gering; in bestimmten Zeiten und Regionen mussten sie sogar mit öffentlicher Bestrafung (Zuchthaus, körperlicher Züchtigung in der Öffentlichkeit u. a. m.) rechnen (Peiper 1966: 234). Die Härte der Sanktionsmaßnahmen war nicht nur in verschiedenen Zeitepochen, sondern auch regional und zwischen den einzelnen sozialen Schichten unterschiedlich. In den Armutsschichten tolerierte man ledige Mütter zu allen Zeiten eher (vgl. hierzu ausführlicher Mitterauer 1983; Trost 1989: 363 ff.).

Mit der Durchsetzung des bürgerlichen Familienideals ab dem 17. Jahrhundert wurde vor allem in dieser sozialen Schicht ledige Mutterschaft immer stärker „undenkbar": Deshalb musste bei Schwangerschaft im möglichst frühen Stadium schnell geheiratet werden, sonst erwartete die u.U. ledigbleibende Mutter ein fast ausweglos hartes Schicksal, wie es nicht nur im „Faust" beschrieben wird, sondern in vielen Dramen und Romanen, wie in Maria Magdalena (Hebbel), Rose Berndt (Hauptmann) usw.

König hat darauf hingewiesen, dass es in „nahezu allen bekannten Gesellschaften eine Abneigung gegen ,uneheliche' Geburten (gäbe), weil sie eine ,Platzierung' des Kindes im gegebenen Verwandtschaftssystem erschweren" (1969: 260 ff.), und deshalb würden die Öffentlichkeit und die Familie auf – zumindest nachträgliche – Legitimierung durch Heirat entweder mit dem Kindesvater oder mit einem anderen Mann drängen. Die negative gesellschaftliche Sanktionierung richtete sich also weniger auf den Tatbestand, eine uneheliche Mutter zu *werden*, als darauf, eine solche zu *bleiben* (1969: 264). König versäumte es jedoch, seine Aussage auf patriarchalisch strukturierte Gesellschaften zu beschränken, in denen die Zurechnung und damit die Abstammung der Kinder eher Probleme auslösen kann (mater certas, pater incertus est).

Erst Anfang dieses Jahrhunderts bahnten sich langsame Veränderungen an, die sichtbaren Ausdruck z. B. in dem 1905 von Stöcker gegründeten „Bund für Mutterschutz und Sexualreform" fanden, der erstmals die „freie Ehe" proklamierte und sich für ledige Mütter einsetzte sowie für die Abschaffung des § 218 eintrat. Dieser Verein war mit dem Zweck gegründet worden, „ledige Mütter und deren Kinder vor wirtschaftlicher und sittlicher Gefährdung zu bewahren und die herrschenden Vorurteile gegen sie zu beseitigen" (vgl. hierzu ausführlicher Nave-Herz 1993: 40). Wurde also zuvor ledige Mutterschaft als individuell zu verantwortende Verfehlung geahndet, ließ man ledige Mütter nunmehr eher Mitleid und deswegen Schutz und Unterstützung zuteil werden.

Ihre rechtliche Diskriminierung wurde erst 1970 (vgl. Limbach 1988: 22; Derleder 1990: 82) aufgehoben, und zwar mit dem In-Kraft-Treten des Gesetzes zur Neuregelung der nichtehelichen Kinder. Ihnen wurde durch dieses Gesetz ein neuer gesellschaftlicher Status zuerkannt. Seitdem – vor allem auch im Zuge der Neuen Frauenbewegung – wird nicht nur die Abschaffung aller Vorurteile gegenüber einer ledigen Mutter und ihrem Kind gefordert, sondern ledige Mutterschaft wird nunmehr auch als eine neue alternative Lebensform zur traditionellen Eltern-Familie proklamiert. Hinzu kommt, dass „Nichtehelichkeit" heute etwas ganz anderes als noch vor 30 oder 40 Jahren bedeutet, als sie noch eine öffentlich nicht tolerierte sexuelle Beziehung „offenbarte", und als man sie – schon wegen der geltenden Rechtslage – als „Schicksal" hinnehmen musste. Insofern ist es nicht verwunderlich, dass – wie neuere empirische Untersuchungen zeigen – Vorurteile gegenüber ledigen Müttern und nichtehelichen Kindern kaum noch existieren.

Ferner haben sich nicht nur die rechtlichen Rahmenbedingungen verändert, sondern die medizinische Forschung hat die Planbarkeit von Kindern erhöht. Letztlich – keineswegs allein – haben die Verbreitung von Antikonzeptiva und ihr höherer Grad an Zuverlässigkeit in der Empfängnisverhütung die Entscheidungsmöglichkeit für oder gegen Kinder bewusster werden lassen.

Die Zahl der Familien aufgrund von lediger Mutterschaft hat in den letzten Jahren sowohl in den neuen als auch in den alten Bundesländern zugenommen, ablesbar an der steigenden Quote nichtehelicher Geburten. 2010 hatte ein Drittel aller lebendgeborenen Kinder eine ledige Mutter (Stat. Bundesamt vom 3.8.2011: 17). Doch diese Querschnittsdaten orientieren sich an dem Familienstand der Mutter zur Zeit der Geburt ihres Kindes. Aber die (pairfam-) Längsschnittuntersuchung zeigt, dass nach einem Jahr nach der Geburt des Kindes 18 % der Mütter im Osten und 26 % der Mütter im Westen geheiratet haben (Kreyenfeld/Konietzka/Walke 2011: 164).

Sozioökonomische Erhebungen zeigen, dass ledige Mütter in der Bundesrepublik Deutschland auch heute noch zu den gesellschaftlich Unterprivilegierten zählen, dass das Armutsrisiko für sie am höchsten ist; sie weisen auch den höchsten Anteil an Sozialhilfeempfängerinnen auf (Becker und Lauterbach 2002). Als besondere Einflussfaktoren im Hinblick auf die ökonomische Lage haben sich das Alter des jüngsten Kindes und vor allem das niedrige Qualifizierungsniveau der Alleinerziehenden erwiesen (Schneider et al. 2001: 124; Sander 2002: 56; Huinink und Konietzka 2007: 171). Nach älteren Studien (neuere weisen Ledige nicht getrennt aus) sind sie am ehesten von gesundheitlichen Beeinträchtigungen betroffen, klagen über Defizite in den Sozialkontakten und Hilfebeziehungen und sind ferner mit ihrer Wohnsituation unzufrieden (Neubauer 1988: 113; Krüger et al. 1989: 152 ff.; Berger-Schmidt et al. 1991: 13).

Trotz dieses Ergebnisses aufgrund von massenstatistischen Datenanalysen könnte es heute dennoch eine Gruppe von ledigen Müttern geben, die zwar quantitativ klein ist und somit statistisch unbedeutend, deren soziale Lage aber konträr zu der Majorität zu beschreiben ist. Eiduson fand bereits 1980 in ihrer empirischen Studie über ledige Mütter in den USA diese Frauen, die sie „Nest-Builders" nannte. Sie „hatten ihre Schwangerschaft bewußt geplant und den Vater des Kindes gezielt ausgesucht. Sie lebten allein und unterschieden sich von den übrigen Frauen der Stichprobe durch ihre höhere Bildung und stärkeres Karrierestreben. Sie zeigten in ökonomischer, sozialer und psychischer Hinsicht die höchste Zufriedenheit mit ihrer Situation" (1980).

Aus einer explorativen Studie geht hervor, dass es „Nest-Builders" im Sinne von Eiduson in der Bundesrepublik kaum zu geben scheint, weil die ledige Mutterschaft von den Frauen nicht geplant war; sie wurden ungewollt schwanger. Diese nicht gewollte

Schwangerschaft führte aber nun bei den befragten Frauen zu einem situativen Entscheidungsdruck. Bei ihnen allen – d. h. bei einigen erst nach psychischen Ambivalenzen – war dann eine eindeutige Präferenzordnung gegeben: Sie entschieden sich, das ungeplante Kind anzunehmen, obwohl sie wussten, dass diese Entscheidung ihre Partnerbeziehung gefährden würde, weil ihre Partner die Entscheidung zum Kind nicht mittragen wollten. Das Kind wurde jedoch der Partnerbeziehung übergeordnet. Wenn sich die Mütter also auch rational und bejahend für diese Lebensform, nämlich für eine Familiengründung ohne Ehesubsystem, entschieden hatten, war die weit überwiegende Mehrheit von ihnen dennoch keine „Ehegegnerinnen". Ihre bewusste Entscheidung für diese Lebensform ist also nicht als eine ebenso bewusste Entscheidung gegen die formale Ehe und Familie zu deuten, abgesehen von einer sehr kleinen Minorität. Das aber bedeutet, dass die Mutter-Familie ohne Ehesubsystem sehr wohl im Zuge des stärker gewordenen Individualisierungsprozesses für manche Frauen eine neue subjektiv bejahte und geplante Familienform darstellen kann, aber nicht im Sinne der bewussten Absetzung von der Zwei-Eltern-Familie. In dieser Entscheidung ist aber nicht nur eine Vorrangstellung der Familie gegenüber der Ehe ablesbar, sondern die betroffenen Frauen negierten ferner den automatischen Verweisungszusammenhang bzw. die Koppelung von Familie und Ehe; sie schrieben der Ehe nicht unmittelbar und überwiegend einen Sinnbezug aus der Familienperspektive zu. Sie ist eine Partnerbeziehung, die in dieser Hinsicht ihre eigene Qualität aufweisen soll. Die Ehe ist für diese Gruppe lediger Mütter nicht mehr unbedingt ein kulturelles Selbstverständnis bei der Familiengründung. Es soll aber nochmals betont werden, dass es sich hierbei um eine Minorität von Frauen handelt (vgl. Nave-Herz 1992: 219 ff.; ähnlich Schneider et al. 2001: 303; Sander 2002: 56).

Anzunehmen ist, dass diese bewusste Entscheidung zum Kind bei lediger Mutterschaft, die heute ohne öffentliche negative Sanktionen möglich ist, auch positive Wirkungen auf den Sozialisationsprozess des Kindes haben kann. Jedenfalls schrieb schon 1964 Schadendorf aufgrund einer empirischen Erhebung: „Nicht der Tatbestand der ledigen Mutterschaft sagt etwas aus im Hinblick auf den Sozialisationsprozess ihres Kindes, sondern die Reaktion der Mutter auf den Tatbestand Unehelichkeit ist ausschlaggebend". Einige Autorinnen und Autoren – z. B. Meyer und Schulze (1989); Heiliger (1990); Lempp (1993) – betonen sogar aufgrund von Fallstudien, dass in Ein-Eltern-Familien mit ledigen Müttern die Vorteile gegenüber den Nachteilen im Hinblick auf die Kinder überwiegen würden. Die Kinder seien z. B. eher selbständig, selbstbewusster, würden mehr Eigenverantwortung und auch Verantwortung für andere übernehmen, wären anpassungsfähiger u. a. m., blieben verschont von der Austragung elterlicher Konflikte und/oder von „Scheidungsschäden".

Vor- und Nachteile im Hinblick auf die Sozialisation von Kindern in spezifischen Lebenssituationen abzuwägen, ist wissenschaftlich sinnvoll. Aber ihr anschließendes Bilanzieren fast in Form eines Additions- und Subtraktionsverfahren zum Zwecke des Herausfindens, welche Form im Hinblick auf die Erziehung, die beste wäre, ist unter methodischen Gesichtspunkten sehr problematisch. Dennoch ist aus diesen Befunden abzuleiten, dass die vielfach vertretene Defizit-These, die die Sozialisation insbesondere von Kindern lediger Mütter immer als sozial benachteiligt beurteilt, in dieser monokausalen Formulierung nicht weiter aufrecht zu erhalten ist und eher von einer Differenzierungsthese ausgegangen werden sollte, die zunächst die Gleichwertigkeit von Familienformen im Hinblick auf ihre Sozialisationsleistung unterstellt und nach spezifischen Unterschieden fragt. Ferner ist zu bedenken, dass die Mutterfamilie aufgrund von lediger Mutterschaft nur zeitlich begrenzt bestehen und durch eine andere abgelöst werden kann, was auch für die folgenden Familienformen gilt (vgl. zum Problem der Partnerschaftsdynamik Feldhaus und Huinink 2011 sowie Feldhaus und Schlegel 2011).

7.1.2 Mutterfamilien aufgrund von Scheidung/Trennung

In allen Kulturen gibt es die Möglichkeit der Eheauflösung; sie stellt – soziologisch formuliert – eine „Ventilinstitution" dar, um unerträgliche Spannungen in einer Partnerbeziehung, die bis zur gegenseitigen Zerstörung beider führen könnten, zu eliminieren. Nur Form und Art der Auflösung sind sozialhistorisch und kulturell unterschiedlich. So verließ (oder musste verlassen) in stark patriarchalischen Gesellschaften die Mutter das Familiensystem unter Zurücklassung ihres Kindes oder ihrer Kinder, in matriarchalisch strukturierten Gesellschaften der Vater. Beide Geschlechter mussten von ihren Herkunftsfamilien wieder aufgenommen werden.

In unserem Kulturbereich war Ehescheidung bei den besitzenden Schichten extrem selten und wurde möglichst verhindert, und zwar nicht nur aus ideologischen, sondern auch aus materiellen Gründen. Vor allem musste eine klare und eindeutige Schuldzuschreibung an einen Partner bei der Ehescheidung möglich sein, was häufig nicht einfach war, aber zuweilen einfach gehandhabt wurde. Leider ließ man damit nur zu oft Unschuldige zu Schuldigen werden mit den damit verbundenen sozialen Folgen und menschlichen Schicksalen. In zahlreichen Werken der klassischen Literatur werden diese Probleme nachgezeichnet (vgl. „Effi Briest" von Fontane; „Anna Karenina" von Tolstoi; „Buddenbrooks" von Thomas Mann, hier vor allem die Ehe von Toni, usw.).

In den unteren sozialen Schichten gab es eher die von ihrem Mann getrennt lebende Mutter, die – zwar ohne formale Ehescheidung – ihre Kinder zuweilen ganz alleine versorgen und erziehen musste.

Die Ein-Eltern-Familie durch Scheidung ist also als schichtunabhängiges Phänomen historisch ein neuartiger Tatbestand. Unter allen alleinerziehenden Eltern hat diese Form – wie bereits gezeigt – zudem stark zugenommen.

Stellt man wiederum auch hier die Frage, ob sich in den letzten Jahren neue Probleme für die Sozialisation in Mutter-Familien durch Scheidung herauskristallisiert haben, so ist in dieser Hinsicht zunächst die rechtliche Veränderung hin zum gemeinsamen Sorgerecht zu betonen; nur noch auf Antrag kann das Sorgerecht einem Elternteil übertragen werden.

Die Befürworter des gemeinsamen Sorgerechtes argumentieren, dass Elternschaft nicht einfach abgebbar sei und dass die Beziehung zum Kind mit dem aus dem Familienbereich ausscheidenden Elternteil intensiver bliebe.

In der Praxis stellte sich jedoch bisher heraus, dass die Verantwortung für die Kinder und die damit verbundene Arbeit letztlich doch auf der Mutter lastet und sie sich dadurch, alles allein entscheiden zu müssen, belastet fühlt. Gegen das gemeinsame Sorgerecht ist ferner einzuwenden, dass Eltern, wenn sie sich einig sind (und das sieht ja gerade das gemeinsame Sorgerecht vor), keiner gesetzlichen Regelung bedürften, auf die schließlich nur in Konfliktfällen zurückgegriffen wird.

Ferner hat durch den allgemeinen Einstellungswandel in Bezug auf Ehescheidungen das Argument, eine Ehe um der Kinder willen zu erhalten, an allgemeiner Anerkennung verloren. Wissenschaftlich war schon lange bekannt, nämlich seit der empirischen Untersuchung von Haffter (1948), dass für Kinder die stark konfliktreiche Zeit vor der Trennung die belastendste ist und dass dauernd affektiv ausgetragene Auseinandersetzungen sozialisationsschädigender sein können als der fehlende Einfluss eines Elternteiles. Er schrieb damals: „Der Überblick über das durchschnittliche Schicksal der Kinder aus geschiedenen Ehen gibt uns Anlaß, mit aller Entschiedenheit der oft geäußerten Ansicht gegenüber zu treten, wonach die Scheidung der Eltern für die Kinder immer ein Unglück bedeuten muß". Lempp – emeritierter Direktor der Abteilung Kinder- und Jugendpsychiatrie an der Universität Tübingen – argumentiert in einem 1993 durchgeführten Interview ähnlich: „Generell gilt: Zusammenbleiben um jeden Preis geht nicht immer. Ehe ist ja auch eine Partnerbeziehung, sie wird nicht nur um der Kinder willen geführt. Eine Scheidung ist gewiß dort eine bessere Lösung, wo beide Eltern auf lange Sicht etwas gewinnen, was ihnen die dauernde Konfrontation bis zur Scheidung genommen hat, etwa Selbstbewußtsein, Ruhe, Zuversicht. Aber meistens gibt es ja einen Alleingelassenen, der in ein emotionales Gefälle gerät, das auch das Kind mitreißt. Einzelkinder haben es da besonders schwer. Geschwister schließen sich nach einer Trennung ihrer Eltern besonders eng zusammen und helfen sich damit" (zit. bei Friesé 1993: 113).

In diesem Zitat klingt an, dass sich die Lage von Scheidungskindern durch den abgelaufenen familialen Strukturwandel heutzutage insofern erschwert haben könnte, weil durch die Kleinheit der modernen Familie, vor allem durch die häufig gegebene Einzelkindsituation, bei Scheidung nunmehr eher die Gefahr besteht, dass der Alleinerziehende seine emotionellen Bedürfnisse ganz auf das eine Kind überträgt und es zu einer sehr engen, symbiotischen Beziehung zwischen ihm und dem Kind kommen kann (nicht: muss).

Ferner wurde in Kap. 4.4 dargestellt, dass der familiale Strukturwandel auch dadurch gekennzeichnet sei, dass heutzutage nicht nur die Mütter, sondern auch die Väter eine affektiv-emotionale Beziehung bereits zu ihren Kleinkindern aufbauen.

Dieses nun von zwei Seiten frühzeitig an das Kleinstkind herangetragene Anerbieten, affektiv-emotionale Beziehungen zu begründen, und die damit zumeist erfolgte Ausprägung dieser Qualität von Beziehung zu beiden Eltern bietet – wie allgemein bekannt – eine notwendige psychische Stütze beim Heranwachsen in unserer hochkomplexen, sehr differenzierten sowie spezialisierten – und damit überwiegend zweckrational-orientierten – Gesellschaft. Was aber zu bedenken Anlass gibt, ist die Koppelung dieser „Stütze" mit einem

Exklusivanspruch, d. h. dass zu anderen Personen (Großeltern, Nachbarn, Verwandte) zwar positive Beziehungen aufgebaut werden und bestehen können, dass diese aber nicht so enge Bezugspersonen darstellen wie die Eltern. Von Ausnahmen abgesehen, waren – historisch gesehen – noch nie die Eltern derart allein die Hauptträger der Erziehung und wollten auch nicht die hauptsächlichsten Bezugspersonen für ihr Kind oder für ihre Kinder sein wie in unserer Zeit.

Diese notwendige und wünschenswerte positive Eltern-Kind-Beziehung wird jedoch durch diesen Exklusivcharakter im Falle der Trennung der Eltern für die Kinder zum Problem. Das Kind ist – historisch gesehen – in eine „Zwickmühle" geraten. Durch die Exklusivität der Eltern-Kind-Beziehung kann die Stütze, die das Kind durch seine Eltern hierdurch erfährt und benötigt, im Falle der Trennung der Eltern – und damit der Lockerung der Beziehung zu einem Elternteil – zum „Fallstrick" werden, mit allen bekannten Folgen.

Wenn die Reaktionen der Kinder auf Scheidungserleben auch eine große Variationsbreite aufweisen und alters-, geschlechts- und entwicklungsabhängig sind, so wird in der Literatur dennoch von typischen emotionalen Reaktionen gesprochen: Angst vor Verlassenwerden, Wut, Trauer, Schuldgefühle, Störung des Selbstwertgefühls, Loyalitätskonflikte, Misstrauen in die Verlässlichkeit menschlicher Beziehungen u. a. m. (vgl. Bauers 1993: 40 ff.; Walper 2009: 29 ff.; Largo und Czernin 2003). Ferner zeigen sich Jungen verletzter gegenüber einer elterlichen Scheidung und reagieren mit aggressiverem Verhalten als Mädchen; aber bei diesen kommt es eher zu Langzeitkonsequenzen, insbesondere was das Selbstkonzept, den Umgang mit dem anderen Geschlecht und somit was Partnerschaften anbetrifft.

Doch der Mehrzahl der Kinder gelingt es, zumindest innerhalb von zwei Jahren das Scheidungsgeschehen ohne Beeinträchtigung ihrer Entwicklung zu bewältigen (Fthenakis 1993: 602 ff.; Altermann-Köster 1992: 46; Walper 2002: 40). Die Bewältigung des Scheidungsgeschehens ist abhängig davon, wie das Kind auf den Trennungsprozess vorbereitet wurde, wie die Eltern selbst den Trennungsprozess verarbeitet haben und ihn durchführen, von dem Alter und Geschlecht des Kindes und in welche weiteren zwischenmenschlichen Beziehungen sie eingebettet sind (Geschwistergemeinschaft, Großelternverbindung, Freundschaften).

Zusammenfassend bleibt festzuhalten: In der Wissenschaft besteht heute Konsens darüber, dass Ehescheidungen der Eltern langfristig anhaltende, negative Folgen für die Persönlichkeitsentwicklung haben können, aber nicht müssen, dass ferner die Zeit vor der Ehescheidung mit ihren ausgetragenen und dauernd miterlebten Konflikten viel stärkere negative psychische Schäden bei den Kindern bewirken kann, zumal dann, wenn sie zu beiden Eltern eine hohe affektiv-emotionale Beziehung aufgebaut haben.

7.1.3 Vaterfamilien

Wie bereits einleitend betont, hat es alleinerziehende Väter immer gegeben. Verändert hat sich vor allem die Ursache der Mutterlosigkeit. Der Anteil von alleinerziehenden Vätern wegen Verwitwung ist heutzutage gering. Dagegen übernehmen immer häufiger Männer – wenn auch insgesamt in einem sehr geringen Umfang – nach der Scheidung oder Trennung die Versorgung ihrer Kinder. Die Zunahme dieser Lebensform führt Schwägler auf folgende Faktoren zurück: „Die ökonomische Rollenergänzung ist nicht mehr so notwendig wie früher; ledige weibliche Verwandte sind durch die hohe Heiratsquote kaum mehr vorhanden; durch die geographische Mobilität wohnen weniger Verwandte in der Nähe der mutterlosen Familie; es wird nicht mehr automatisch den Müttern das Sorgerecht für die Kinder zugesprochen, immer mehr Väter bemühen sich um die Übertragung des Sorgerechtes; es kommt immer häufiger vor, daß Frauen ihre Familien verlassen; immer mehr Männer adoptieren vor allem männliche Kinder; das Vorhandensein von Haushaltsmaschinen und außerhäuslichen Dienstleistungen erleichtert die Haushaltsführung erheblich. Dazu kommt, daß die Geschlechtsrollen flexibler gestaltet werden: Wenn in der vollständigen Familie beide Ehepartner mit möglichst vielen Aufgaben und Verantwortlichkeiten der Familie vertraut sind, ist anzunehmen, daß es bei Ausfall eines Elternteiles für den anderen nicht so schwer ist, die Rolle des ausgefallenen zu übernehmen" (1978: 160). Das gilt in verstärktem Maße für die Gegenwart. In unserer eigenen Untersuchung (Nave-Herz und Krüger 1992: 70) zeigen die Daten, dass sich die Väter häufig nicht bewusst freiwillig um die Übernahme der Alleinerzieherschaft bemüht haben, sondern sie sahen sich größtenteils gezwungen, für ihre Kinder zu sorgen. Oder m. a. W.: Die alleinerziehenden Väter fühlten sich oft in die Situation „hineingeworfen", und zwar als „Opfer" eines Entwicklungsprozesses, den sie weder angestrebt noch vorausgesehen haben. Zu einem nicht so eindeutigen Ergebnis kommen Schneider et al. in ihrer Erhebung. Hier haben einige Väter die Pflege und Erziehung der Kinder ebenso „unfreiwillig" übernommen, andere hatten sich aktiv für die Übernahme der Hauptverantwortung entschieden (Schneider et al. 2001: 94).

Interessant ist weiterhin, dass alleinerziehende Väter anfallende Hausarbeiten – zuvor nie übernommen – nunmehr mühelos ausführen und dass sie ferner jetzt mehr Zeit ihren Kindern widmen.

Die Situation zwischen den Mutter- und Vater-Familien ist in der Bundesrepublik Deutschland übrigens sehr unterschiedlich: nicht nur – wie bereits betont – im Hinblick auf den quantitativen Umfang und auf das Alter der Kinder (Kleinstkinder wachsen in Mutter-Familien auf), sondern auch in Bezug auf ihre finanzielle Situation. Vater-Familien sind überwiegend ökonomisch besser gestellt als die Mutter-Familien. Aber selbst die Kinder scheinen unterschiedliche Erwartungen an die alleinerziehende Mutter und an den alleinerziehenden Vater zu stellen, wie jedenfalls eine zwar ältere amerikanische Untersuchung von Ambert (1982) zeigt: „Kinder aus Mutter-Familien erwarten von der Mutter, daß sie für sie da ist. Sie sind mit ihrer Situation unzufriedener und möchten die Mutter dafür verantwortlich machen. Kinder aus Vater-Familien sind sich dagegen bewußt, daß der Vater sich freiwillig für die Übernahme der Erziehung und Versorgung entschieden hat und sind ihm für alles, was er macht, dankbar" (zit. bei Clason 1989: 420).

Die Einstellung der Öffentlichkeit gegenüber alleinerziehenden Vätern ist noch immer ambivalent und schwankt zwischen Bewunderung und Ablehnung, was auf das Fehlen eindeutiger und akzeptierter Verhaltensmuster und einer klaren Rollendefinition zurückführbar ist.

7.1.4 Alleinerziehende Eltern durch Verwitwung

Der Tod war in der vorindustriellen Gesellschaft allgegenwärtig und weit eher zu erwarten als heute eine Trennung der Eltern durch Scheidung. Insbesondere für Frauen war die Lebenszeit damals kurz, vor allem infolge von Geburtskomplikationen, Kindbettfieber u.a.m. Insofern war es damals nichts Ungewöhnliches, wenn Kinder ihre Mutter oder ihren Vater nie erlebt hatten. Hinzu kam, dass viele sogar beide Eltern durch Tod verloren und sie als Waisen bei

Verwandten oder in speziell hierfür eingerichteten Waisenhäusern aufwuchsen.

Dagegen werden Kinder heute kaum mit dem Tod eines Elternteiles konfrontiert. Wegen ihrer geringen Zahl und weil es keine empirischen Untersuchungen gibt, die neue Probleme bei dieser Gruppe von alleinerziehenden Eltern beschreiben, wird im Folgenden nur kurz auf sie eingegangen.

Erwähnt sei zunächst, dass für den Vater bzw. die Mutter der Verlust des Ehepartners durch Tod sich von allen Formen des Partnerverlustes unterscheidet, auch wenn die Betroffenen, z. B. bei ungewollter Scheidung oder Trennung, ähnliche Gefühle beschreiben, wie das Unvermögen, die Wirklichkeit zu akzeptieren, die Wut und das immer währende bohrende Grübeln, die Verzweiflung und das überwältigende Gefühl, etwas Unwiederbringliches verloren zu haben, auch wenn bestimmte gleiche Veränderungen in der Daseinsform gegeben sind: die fehlende sexuelle Beziehung, die veränderte ökonomische Lage, Einengung oder Erweiterung des Tätigkeitsbereiches usw. Hinzu kommt, dass die Emotionalisierung und Intimisierung der modernen Ehe eine Verstärkung des Verlustschmerzes bei Auflösung dieser Partnerbeziehung nach sich zieht. Auch der Etikettierungsvorgang seitens der Umwelt ist ein anderer und scheint geschlechtsspezifische Varianten ausgeprägt zu haben. Die Witwen geraten eher als die Witwer in Isolierung und die Umwelt begegnet ihnen fast als trügen sie selbst ein Todeszeichen. Dagegen lösen Witwer eher Hilfsbereitschaft bei anderen aus.

Die Kinder von verwitweten alleinerziehenden Eltern sind – was die materielle Lage anbetrifft – am günstigsten im Vergleich zu Kindern in anderen Ein-Eltern-Familien zu beurteilen. Verwitwete haben im Schnitt ältere Kinder als andere alleinerziehende Eltern und häufiger mehrere Kinder.

Der Unterschied in der Eltern-Trennung durch Tod gegenüber Scheidung liegt vor allem in der Endgültigkeit der Situation, in der Hoffnungslosigkeit auf eine Rückkehr oder auf eine Wiederherstellung der früheren Beziehung in gleicher, ähnlicher oder sogar veränderter Form (und gerade Kinder geben häufig bei Scheidung die Hoffnung auf Versöhnung der Eltern nicht auf). Ferner steht bei der Eltern-Trennung durch Tod, im Gegensatz zur Scheidung, der Idealisierung der verstorbenen Mutter oder des Vaters – zuweilen sogar einer Mythologisierung – die Realität nicht entgegen. Unter psychologischen Gesichtspunkten ist dies unter Umständen ein problematischer Verarbeitungsprozess.

Wie stark sich Kinder auch bei Tod eines Elternteiles zunächst noch an die Hoffnung knüpfen, dass die „alten Zustände" sich wieder herstellen würden, wird aus der Biographie von Helene Lange besonders deutlich, aus der die entsprechende Stelle zur Illustration abschließend wiedergegeben werden soll: „Meine Mutter hat das innige Glück ihrer Ehe und Mutterschaft nur kurz genießen können; sie starb im März 1855, als mein ältester Bruder im neunten Jahr stand, ich selbst fast sieben, der Jüngste fast fünf Jahre alt war. Sie erlag der Schwindsucht, der meines Großvaters vier blühende Töchter zum Opfer fielen. Das Vaterhaus behielten wir; zum Mutterhaus ist und, soweit das möglich war, das Haus meines Großvaters durch meine Mutter ältesten Schwester Tante Helene geworden. Ich habe meine Mutter schmerzlich vermißt, hätte es aber um die Welt niemand merken lassen. Immer malte ich mir abends im Bett aus, dass sie vielleicht nicht tot sei und eines Tages wiederkommen könne. Erst als ich meinen Vater einem Händler, der ihm irgendetwas für seine Frau aufdrängen wollte, sagen hörte: ‚Mine Fro liggt sit twee Johr up' n Karkhoff' –, erst da wurde mir klar, daß meine mit den Jahren immer mehr gewachsene Sehnsucht nie mehr gestillt werden und das Regiment der Hausdamen ein dauerndes sein würde" (Lange 1921: 25).

7.2 Stieffamilien

Stieffamilien waren in der Vergangenheit sehr viel verbreiteter als heute, wenn sie auch in den letzen Jahren etwas zugenommen haben (vgl. Kap. 2). Durch die geringere Lebenserwartung der Frauen infolge von Geburtskomplikationen, Kindbettfieber u. a. m. überwogen damals die Stiefmütter-Familien gegenüber den Stiefväter-Familien; heute gilt eine umgekehrte quantitative Verteilung. Ferner kam es in jener Zeit gar nicht so selten vor, dass die Kinder nicht nur eine Stiefmutter oder einen Stiefvater hatten, sondern sogar zwei Stiefeltern, weil infolge des Todes des Vaters die Stiefmutter wieder heiratete. So hatten diese Kinder zwar Eltern, aber keine leiblichen.

Aus diesem kurzen historischen Vergleich wird gleichzeitig deutlich, welche verschiedenen Familienformen es von Stieffamilien geben kann. Krähenbühl et al. (1986) unterscheiden aufgrund der Entstehungsursachen bzw. aufgrund des vorherigen Familienstandes des wiederheiratenden leiblichen Elternteiles folgende Typen:

- Stiefmutter-Familie: Der leibliche Vater heiratet nach dem Tode der Ehepartnerin oder nach der Scheidung eine Frau, die selbst keine eigenen Kinder in den Haushalt mitbringt;
- Stiefvater-Familie: Die leibliche Mutter heiratet einen Partner, der keine eigenen Kinder in den Haushalt mitbringt;
- legitimierte Stieffamilie: Die Mutter eines nichtehelichen Kindes heiratet einen anderen Mann als den Vater des Kindes;
- zusammengesetzte/komplexe Stieffamilie: Beide Partner haben Kinder aus einer früheren Ehe in die derzeitige Haushaltsgemeinschaft mitgebracht;
- Stieffamilie mit gemeinsamem Kind bzw. gemeinsamen Kindern. Sie werden auch Patchwork-Familien genannt (= meine, deine und unsere Kinder).

Nach der Definition von Familie in Kap. 2 müssen noch jene Stieffamilien-Typen hinzukommen, die auf keiner formalen Eheschließung beruhen.

Für den Umfang an Stieffamilien gibt es keine amtlichen Statistiken, weil die vorhandenen die genauen Kind- und Elternschaftsverhältnisse zwischen den Haushaltsmitgliedern nicht erfassen. Auswertungen von verschiedenen Datensätzen (DJI-Familiensurvey, Generation and Gender Survey) zeigen, dass man in Deutschland von 11 % Stiefkindern ausgehen kann (Steinbach 2008: 88). Der Familien-Survey des Deutschen Jugendinstituts zeigt, dass die Stiefvater-Familien im Verhältnis 80 zu 20 überwiegen (Bien et al. 2001: 91).

Vielfach wird heute in der soziologischen Literatur nicht mehr von Stieffamilien, sondern von „Fortsetzungsfamilien" gesprochen, ein m. E. nicht sehr zutreffender Begriff, weil gerade weder der Stiefeltern-Teil, noch die bis zur Wiederverheiratung bestandene Ein-Eltern-Familie ihre Lebensformen und auch gewohnten Lebensführungen fortsetzen.

Forschungsmäßig haben wir seit der DJI-Untersuchung (Bien, Hartl und Teubner 2002) und von Steinbach (2008), die sich auf die Beziehungen zwischen erwachsenen Stiefkindern und ihren Eltern bezieht, genauere Erkenntnisse über Stieffamilien, sonst überwiegen Fallbeispiele aus der therapeutischen Praxis, Fachaufsätze aus dem Bereich der Sozialarbeit sowie juristische Abhandlungen. Dagegen sind in den USA seit den 1980er-Jahren zahlreiche Untersuchungen über Stieffamilien, Stiefkinder und Zweit-Ehen durchgeführt worden; aber ihre Ergebnisse sind wegen des unterschiedlichen kulturellen und sozialen Systems kaum auf deutsche Verhältnisse übertragbar: So sind die Kinder durch unsere Halbtagsschulen (die häufig noch nicht einmal den halben Tag dauern) zeitlich viel länger auf den Familienbereich verwiesen; ferner ist die häusliche Präsenz vieler Mütter gegeben, weil sie seltener erwerbstätig sind; insofern nimmt die Familie in der Bundesrepublik zeitlich einen größeren Stellenwert im Leben der Kinder ein als in den USA.

Peuckert führt die fehlende wissenschaftliche Beschäftigung mit der Lebensform „Stieffamilie" darauf zurück, dass sie „nach außen hin wie eine 'normale' (vollständige) Familie erscheint, ihr ‚Anders-Sein' also nicht auf den ersten Blick erkennbar ist, und daß sich Stieffamilien auch selbst selten als solche zu erkennen geben, um nicht als ‚anders' als die Normal-Familie zu erscheinen" (2008: 121).

Aber genau diese Strategie der „Normalisierung als ob" – wie es Hoffmann-Riem et al. (1994: 183) bezeichnete – ist ein Trugschluss: Stieffamilien unterscheiden sich strukturell in vielfältiger Weise von anderen Familienformen; und gerade eine Negierung oder eine „Verdrängung" dieses Tatbestandes seitens der Eltern oder der Kinder kann negative Folgen sowohl für die Erziehung als auch für die Ehe bzw. Partnerschaft nach sich ziehen. Im Folgenden soll deshalb gefragt werden, welche besonderen Charakteristika Stieffamilien aufweisen.

Die Bildung einer Stieffamilie stellt eine Systemerweiterung, keine Systemneubildung dar. Das bedeutet: „Die Geschichte der alten Familie wirkt in die gegenwärtigen Beziehungen der neuen Partner zueinander und zum Kind hinein; die früheren durch Scheidung abgespalteten und durch Tod verlorenen Familienmitglieder sind bei der Inszenierung eines neuen Familienlebens als Orientierungspersonen präsent" (Hoffmann-Riem et al. 1994: 190). Sie haben die Trennung ihrer Eltern oder den Tod der Mutter bzw. des Vaters erlebt und ferner auch beobachtet und erfahren, wie der Elternteil, mit dem sie zusammenleben, eine neue Beziehung zu einer – für sie meist fremden – Person einging.

Wenn lange Zeit Kinder die Hoffnung (oder Illusion) aufrecht erhalten haben, die Mutter oder der Vater würde eines Tages wieder zurückkehren, dann macht diese neue Partnerschaft dem Kind – oft schockierend – deutlich, dass es keinen Weg mehr zurück gibt. Vor allem mit der neuen Eheschließung hat jeder noch vorhandene „Traum" ein Ende.

Sie erleben evtl. auch, wie ihre Familie durch weitere Geschwister sich vergrößert, ohne dass man sie, wie Stich betont: „Ernsthaft gefragt hätte, ob sie eine Änderung der Familienverhältnisse wollten.

Ein kleineres Kind, das beispielsweise allein mit seiner Mutter lebt und sich von ihr geliebt weiß und das sich in der kleinen Familie wohlfühlt, kann sich kaum vorstellen, daß seine Mutter sich dennoch nach der Liebe und Nähe zu einem erwachsenen Menschen sehnt" (1993: 150).

Die Stieffamilie weicht aber nicht nur in ihrer Entstehungsgeschichte von anderen Familienformen ab, sondern sie ist durch außerfamiliale Dyaden gekennzeichnet, nämlich durch enge Beziehungen zwischen dem Kind oder den Kindern zum Ex-Partner (nur bei Scheidung), zu Großeltern und anderen Verwandten (bei Scheidung sowie bei Verwitwung). Die Systemgrenzen sind also „offener".

Von den Kindern her gesehen, betonen manche Wissenschaftler und Wissenschaftlerinnen sogar, dass diese in einem binuklearen Familiensystem aufwüchsen. Beide leiblichen Eltern würden sich so intensiv um das Kind kümmern, dass hierdurch über das gemeinsame Kind bzw. die gemeinsamen Kindern aus zwei Haushalten ein Familiensystem entstünde. Dieser Sachverhalt ist in Deutschland sehr selten gegeben. Im Gegenteil: die Verbindung zum leiblichen Vater, wenn die Mutter eine neue Verbindung eingeht, verliert häufig an Intensität (Steinbach 2008: 275). Trotzdem sollte im Hinblick auf die Stieffamilien – so fordern Feldhaus und Huinink (2011: 100) – die haushaltsübergreifenden familialen Beziehungsstrukturen in der Forschung stärkere Berücksichtigung finden. Sie prognostizieren, eine wachsende Bedeutung der Stiefelternschaft. Die neugebildeten Stieffamilien „sind immer weniger als reine ‚Durchlaufphasen' zu kennzeichnen", sondern weisen Kontinuität bzw. zeitliche Stabilität auf (Feldhaus und Huinnink 2011: 101).

In deutschen Veröffentlichungen über spezielle Probleme von Stieffamilien werden vor allem die Loyalitätskonflikte des Kindes zum biologischen Elternteil beschrieben, und zwar gleichgültig, ob dieser noch lebt und zu diesem intensive oder kaum Kontakte bestehen, oder ob er verstorben ist. Auch spüren oder befürchten viele Kinder mit der neuen Eheschließung den Verlust der engen Vater- oder Mutter-Beziehung, die sich während der Ein-Eltern-Situation besonders stark ausgeprägt hatte.

Die Stieffamilie ist in unserer Gesellschaft auch durch fehlende Rollendefinitionen gekennzeichnet. Von alten Vorstellungen, wie sie in Märchen dargestellt werden, belastet, wissen Stiefeltern nicht, was von ihnen in ihrer Rolle erwartet wird und ist ihre Zuständigkeit in Erziehungsfragen zumeist nicht eindeutig festgelegt; Rollen-

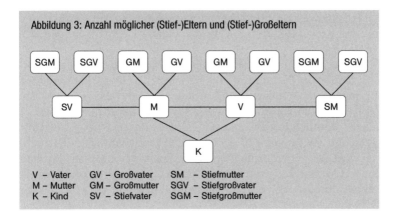

ambiguität ist die Folge: Sollen sie sich als Eltern (also als Vater/Mutter), als Freund, als Verwandte oder als Stiefvater bzw. -mutter (was immer dies heißen mag) verhalten?

Stieffamilien sind außerdem durch eine Erweiterung des verwandtschaftlichen Netzwerkes gekennzeichnet. Wenn beide leiblichen Eltern wieder verheiratet sind, erhöht sich nicht nur die Zahl der Stiefeltern, sondern zu den leiblichen Großeltern können noch Stiefgroßeltern hinzukommen (vgl. die Abbildung 3). Auch der Kreis der Seitenverwandten erweitert sich (vgl. Steinbach 2008).

Abschließend sei das auch heute noch geltende Zitat von Stich (1993: 156) wiedergegeben: „Stieffamilien sind ganz normal anders. Und je mehr sie sich erlauben können, einen Lebensstil zu entwickeln, der ihren vielfältigen Beziehungen gerecht wird, und je weniger ihre Umwelt sie am Modell der Kernfamilie misst und beurteilt, desto größer sind ihre Chancen".

7.3 Homosexuelle Partnerschaften mit Kindern

Wie bereits mehrfach betont, handelt es sich bei allen bisher beschriebenen Familientypen um keine neuartigen Lebensformen. Zwar haben sie seit den 1960er-Jahren, den „golden ages of marriages", quantitativ zugenommen, aber gehen wir weiter in die Geschichte unseres Kulturkreises zurück, z.B. in die vorindustrielle Zeit, so waren sie sogar quantitativ verbreiteter als heute, wenn sie auch eingebunden waren in andere Lebensbedingungen und ihre

Gründungsanlässe überwiegend andere waren: Verwitwung und Nichtehelichkeit statt – wie heute – überwiegend Trennung und Scheidung.

Neu ist aber die Lebensform des Zusammenlebens von gleichgeschlechtlichen Partnern in einer öffentlich bekundeten sexuellen Beziehung, die seit dem 1. August 2001 (erweitert 2005) in Deutschland öffentlich-rechtlich legitimiert werden kann. Der Zusatz „in einer öffentlich bekundeten sexuellen Beziehung" ist notwendig, denn das Zusammenwohnen von gleichgeschlechtlichen Partnern hat es in der Vergangenheit immer gegeben, nämlich von Haushalten mit Mutter und erwachsenen Töchtern oder Vater und erwachsenen Söhnen oder das Zusammenwohnen von unverheirateten Schwestern usw.

Frankreich hat im Übrigen rechtlich in der Pacs – pacte civil de solidarité – von 1999 die Möglichkeit festgeschrieben, dass *alle* Partnerschaften, nicht nur homosexuelle Paare, sich registrieren lassen können, also auch heterosexuelle Lebensgemeinschaften und gleichgeschlechtliche, die ganz einfach nur in einer sozialen und emotionalen Gemeinschaft – ohne sexuelle Beziehung – leben, z. B. Geschwister, Freundinnen usw., die eine Wohn- und Solidaritätsgemeinschaft bilden. Dieser Solidaritätsvertrag wirkt sich auf das Mietrecht, auf die Steuererklärung u. a. m. aus.

Zunächst sei betont, dass homosexuelle Partnerschaften (ohne und mit Kindern) eine gesellschaftliche Minorität innerhalb einer gesellschaftlichen Minorität sind, denn die Mehrzahl der Homosexuellen wohnt nicht mit einem Partner zusammen. Es ist zu vermuten, dass etwas mehr homosexuelle Männer und lesbische Frauen mit ihren Partnern zusammenleben *möchten*; dass sie sich wegen vermuteter Diskriminierung nur nicht trauen, diese Lebensform zu wählen.

Für Deutschland muss betont werden, dass es sich bei den in der Literatur oder im Internet genannten Zahlen, vor allem auch in Bezug auf die Gesamtzahl der Homosexuellen, nur um Schätzwerte handelt (z. B. allein schon durch den Tatbestand, dass auch in bestehenden Ehen ein Partner homosexuell sein kann; wurden bi-sexuelle Personen miterfasst, wie hoch ist die Dunkelquote? Denn noch immer versuchen viele ihre sexuelle Neigung zu verheimlichen oder sie sind sich dieser nicht sicher; Fthenakis und Ladwig 2002: 129ff.). In der Literatur sind zudem unterschiedliche Angaben zu finden (vgl. hierzu Eggen 2002: 215; Fthenakis und Ladwig 2002: 131 ff.; Datenreport 2011: 28). Über die Zahl zusammenlebender Paare gibt es zwar seit 1996 amtliche Daten in Folge der Erweiterung der Mikrozensuserhebung, jedoch vermuten einige Statistiker, dass diese Zahlen aufgrund der Freiwilligkeit der Antworten zu niedrig wären. Auch bei der Zahl der eingetragenen Partnerschaften ist keine Zuverlässigkeit gegeben, da es keine gesetzliche Grundlage in Bezug auf die Meldepflicht der Behörden gibt und deshalb die Zuverlässigkeit nicht überprüfbar ist. Andere Wissenschaftler betonen wiederum, dass diese amtlichen Zahlen diejenigen nicht erfasst, die sich nach einiger Zeit bzw. nach einigen Jahren zur Trennung entschlossen haben, ohne dieses amtlich offen zu legen. Aufgrund des Mikrozensus gab es 2009 in Deutschland 63 000 gleichgeschlechtliche zusammenlebende Lebensgemeinschaften, davon 59 % männliche. Von allen waren 30 % (= 19000) eingetragene Partnerschaften (Datenreport 2011: 28). Bezogen auf alle Haushalte beträgt ihr Anteil 0,2 % und von diesen sind nur 19,1 % eingetragene Partnerschaften (Eggen 2009: 23).

Nicht nur die statistischen Daten über diese Lebensform sind ungenau, auch der empirische Forschungsstand, abgesehen von psychologischen Forschungsergebnissen, ist mehr als mager. Hinzu kommt, dass manche Ergebnisse nicht verallgemeinerungsfähig sind, da die Stichprobe zu klein und zu selektiv ist. Die Dunkelquoten sind hoch.

Aus den wenigen vorhandenen empirischen Untersuchungen (vgl. Behrens 2000; Dannecker 1990; Vaskovics 2000; Vaskovics und Buba 2000; Eggen 2002/2009; Rupp 2011) ist zu entnehmen, dass die Mehrzahl der homosexuellen Paare eher vergleichbar mit Nichtehelichen Lebensgemeinschaften als mit Ehen sind: So bedeutet das Zusammenwohnen bei gleichgeschlechtlichen Partnern (insb. bei Männern) nicht notwendigerweise eine gemeinsame Haushaltsführung. Der Anteil jener zusammenwohnenden homosexuellen Paare, die auch gemeinsam haushalten, gemeinsame Anschaffungen tätigen, ist zwar im Laufe der vergangenen Jahrzehnte gestiegen, aber der Anteil jener, die zwar zusammen wohnen, aber keine Geld- und Gütergemeinschaft bilden, ist nach wie vor sehr hoch. Die Dauer der Paargemeinschaft ist – ebenso wie bei Nichtehelichen Lebensgemeinschaften – kürzer als in ehelichen Beziehungen; nur sehr vereinzelte Paare leben länger als zehn Jahre zusammen. Verträge über eine gegenseitige Verantwortung werden – wie in Nichtehelichen Lebensgemeinschaften – selten getroffen (selbst bei einer hochselektiven Stichprobe gaben nur unter 10% der Befragten an, Vereinbarungen abgeschlossen zu haben). Im Übrigen ist die Zahl der registrierten homosexuellen Paare in Staaten, wo dieses bereits früher als bei uns möglich war (z. B. Schweden, Dänemark, Niederlande), gering: ca. 3% von allen homosexuellen Partnerschaften ließen sich hier registrieren (Eggen 2009: 229). Ferner sind sie – wie die Nichtehelichen Lebensgemeinschaften – weit überwiegend kinderlos und wollen auch – von wenigen Ausnahmen abgesehen – keine Elternrolle übernehmen. Aus den wenigen deutschen, aber vor allem auch aus den ausländischen Forschungsergebnissen ist zu entnehmen, dass zumeist die Paarbeziehung – wie bei der Nichtehelichen Lebensgemeinschaft – nicht über sich selbst hinausweist, sondern die sexuelle-emotionale Beziehung im Mittelpunkt steht (vgl. ausführlicher Nave-Herz 2001 b: 16ff.).

Wie bereits betont, bilden nur eine quantitativ geringe Zahl zusammenlebender homosexueller Partnerschaften eine Familie. Nach Maier (2009: 269) sollen von allen Kindern in Deutschland ca. 13 000 in gleichgeschlechtlichen Lebensformen heranwachsen; doch gleichzeitig betont die Autorin die Schwierigkeiten der statistischen Erfassung und zitiert weit von ihrer genannten Zahl abweichende Daten. Die Kinder stammen aus einer früheren Ehe oder Nichtehelichen Lebensgemeinschaft. In der Erhebung von Rupp (2009) gaben 268 von 1.059 Befragten an, dass das Kind durch heterologische Insemination gezeugt worden war. Überwiegend handelt es sich um lesbische Paare, bei denen beide Partner sich zwar als Erziehende und verantwortlich für das Kind fühlen, aber kein gemeinsamer Kinderwunsch die nunmehr bestehende Familie begründete und keine kindorientierte oder kindzentrierte, sondern eine exklusive Partnerschaft gegeben ist. Homosexuelle Väter ziehen zumeist nach ihrem Coming-Out aus dem Familienhaushalt aus (vgl. hierzu ausführlicher Fthenakis und Ladwig 2002: 129ff.).

Die Kinder befinden sich in dieser Familienform in einer sehr schwierigen gesellschaftlichen Ausnahme- und Randposition, die ihnen spezifische Bewältigungsstrategien abverlangt. In der Studie von Rupp (2009) berichten die befragten Kinder zu 46 % von erfahrenen diskriminierenden Erlebnissen. Am häufigsten werden Hänseleien und Beschimpfungen genannt. Die Vorfälle finden zumeist im schulischen Bereich statt, doch ein Zehntel der betroffenen Kinder hat die entsprechenden Erfahrungen bereits im Kindergarten gemacht. Sie erleben ferner vielfach die Stigmatisierung ihrer Eltern. Denn über Diskriminierungserfahrungen berichten homosexuelle Paare in vielen Erhebungen und Fallbeschreibungen, z. B. auf dem Wohnungsmarkt, am Arbeitsplatz, von der Herkunftsfamilie usw. (eine sehr differenzierende Übersicht über „Diskriminierung von Homo- und Bisexuellen" gibt Steffens 2010: 14ff.). Wegen dieser psychisch starken Belastung durch die Vorurteile gegenüber Homosexuellen in der Bevölkerung wurde nicht zuletzt von ihren Verbänden die Gesetzesänderung gefordert. Doch alle Rechtssoziologen müssen dieser Hoffnung eine Absage erteilen. Gesetze wirken auf gesellschaftliches Bewusstsein nicht verändernd; gerade aus dem Familienrecht gibt es hierüber zahlreiche Belege. Diese Erfahrungen haben auch die Frauen gemacht, denen bereits mit dem Grundgesetz gleiche Rechte und die soziale Gleichstellung in allen gesellschaftlichen Teilbereichen versprochen wurde. Aber erst die Neue Frauenbewegung hat den ersten Anstoß zur gesellschaftlichen Veränderung vor allem auf der – zunächst notwendigen – Bewusstseinsebene bewirkt.

Von den Kindern in homosexuellen Partnerschaften wird ferner verlangt, sich gegen die Vorurteile ihnen gegenüber zu wehren, nämlich selbst prädestiniert für Homosexualität zu sein. Doch wie viele empirische Untersuchungen aus den USA zeigen, ist die – in der Öffentlichkeit häufig vermutete und geäußerte – Gefahr, durch das Aufwachsen von Kindern in homosexuellen Partnerschaften selbst homosexuell zu werden, kaum gegeben. Die sexuelle Orientierung ihrer Eltern soll also – z. B. nach Savin-Williams und Esterberg 2000; Fthenakis und Ladwig 2002; Streib-Brzic und Gerlach 2005: 179; Maier 2009 – keinen Einfluss auf die Entwicklung der Geschlechtsidentität nehmen. Das schließt nicht aus, dass sich dennoch diese Kinder durch die Konfrontation mit der bei uns noch immer als Stigma empfundenen sexuellen „Andersartigkeit" ihrer Eltern in ihren Sozialisationsverläufen von anderen unterscheiden. Oder vorsichtiger formuliert: Sie wachsen in spezifischen Sozialisationsmilieus auf.

8. Verursachende Bedingungen für den zeitgeschichtlichen Anstieg der Ehescheidungen

In Kap. 7.1.2 wurden bereits die Auswirkungen von Ehescheidungen auf den Sozialisationsprozess der Kinder thematisiert. In einem abschließenden Kapitel soll nunmehr der Frage nach den Ursachen für die stetige Zunahme von Eheauflösungen nachgegangen werden, weil aus diesem statistischen Sachverhalt auf eine abnehmende Gravitation zwischen den Strukturelementen des familialen Systems geschlossen werden könnte. Dieser Strukturwandel wird in der Literatur – wie in Kap. 2.1 erwähnt – mit De-Institutionalisierungsprozess von Ehe und Familie umschrieben. Bevor auf diese These kritisch eingegangen wird, sollen kurz die statistischen Trends der Ehescheidungen dargestellt werden, einerseits um ihren dramatischen Anstieg zu illustrieren, andererseits um diese Entwicklung wiederum – jedenfalls was die Bundesrepublik anbetrifft – zu relativieren.

Die Zahl der Ehescheidungen ist in Deutschland seit Ende des vorigen Jahrhunderts, seit wir zuverlässige und umfassende Familienstatistiken besitzen, stetig angestiegen (vgl. Abbildung 5 im Anhang), und zwar sowohl in den alten wie in den neuen Bundesländern.

Diese anhaltende und immer stärker steigende Tendenz von Ehelösungen ist nicht auf demographische Veränderungen, z. B. auf eine quantitativ unterschiedliche Besetzung bestimmter Altersjahrgänge oder auf unterschiedlich hohe Eheschließungsquoten zurückzuführen, sondern auf ein verändertes Verhalten der Bevölkerung.

Die Zahl der von Scheidung betroffenen minderjährigen Kinder betrug im Jahr 2009 ca. 145700; 3 % weniger als im Vorjahr (Datenreport 2011: 32). Diese statistische Abnahme an „Scheidungswaisen" ist eng verknüpft mit dem Geburtenrückgang.

Heute wird also ca. jede dritte Ehe in Deutschland wieder geschieden. Man kann denselben Tatbestand aber auch in andere Worte fassen: Wir können mit gleichem Recht betonen, dass 66% aller Ehen nicht durch Scheidung enden! Es ist nämlich ferner mit zu bedenken, dass es heutzutage, trotz der gestiegenen Ehescheidungszahlen, noch nie eine derart zeitlich lange Monogamie für die Mehrzahl der Bevölkerung in unserer Gesellschaft gegeben hat. So waren z. B. vor 100 Jahren ein Drittel aller Ehen bereits nach 20 Jahren aufgelöst, und heute bestehen ein Drittel aller Ehen erst nach 40 Jahren nicht mehr. Selbstverständlich hat sich die quantitative Verteilung der Gründe für die Auflösung verändert, und sarkastisch bemerken einige Forscher, dass, da es die Eheauflösung durch Tod eines Partners nicht mehr in dem Maße gäbe, stattdessen die Ehescheidungsquoten zugenommen hätten. Dass beide Sachverhalte nicht gleichzusetzen sind, hierauf wurde bereits in Kap. 7.2 eingegangen.

In den USA löst sich im Übrigen bereits jede zweite Ehe durch Scheidung auf. Im Vergleich mit anderen Staaten nimmt die Bundesrepublik keinen Spitzenplatz in der Scheidungshäufigkeit ein. Weit höhere Scheidungszahlen weisen in Europa u. a. Russland, die Ukraine, Litauen, Belgien, Schweden, Dänemark (trotz einer hohen Quote von Nichtehelichen Lebensgemeinschaften) auf (Stat. Jahrbuch für das Ausland 2005: 232).

Insgesamt kann gesagt werden, dass sich in fast allen europäischen Staaten seit Ende des Zweiten Weltkrieges die Scheidungshäufigkeit verdoppelt bis verdreifacht hat. Worauf, so müssen wir fragen, ist also die seit über 100 Jahren zunehmende Instabilität der Ehe zurückzuführen?

Die Scheidungsforschung hat sich weniger mit der Frage der Ehescheidungszunahme befasst, sondern stärker nach der Ursache von Ehescheidungen gefragt. Als „Ur-Sache" wurden dabei häufig ein Faktor oder bestimmte Merkmale einer Person identifiziert, die für die Ehescheidung verantwortlich sein sollten. Aber ein solches „Täterdenken" erschwert nur die wissenschaftliche Analyse über die verursachenden Bedingungen von Ehescheidungen.

Mit dieser Perspektive wurden lange Zeit in Deutschland viele individuell psychologische Untersuchungen durchgeführt sowie die Ursachen von Ehescheidungen im philosophischen und theologischen Kontext reflektiert. Ferner haben immer wieder rechtssoziologische Abhandlungen die Frage nach der Umsetzung des Ehescheidungsrechts in die Rechtspraxis erörtert. Weiterhin wurden Biographien veröffentlicht, in denen die subjektive Erfahrung mit dem Scheitern ihrer Ehe von den Betroffenen selbst aufgearbeitet wurde. Vor allem wurden in Deutschland eine Reihe von demographischen Analysen durchgeführt und versucht, die verursachenden Bedingungen von Ehescheidungen aufgrund von einzelnen Sozialvariablen zu erklären. So hat man z. B. Korrelationen zwischen dem Heiratsalter, ferner der Kinderzahl, der Konfession, der sozialen Schicht und dem „Ehescheidungsrisiko" festgestellt. Konkret: Je geringer das Heiratsalter ist, desto höher ist die Wahrscheinlichkeit einer Ehescheidung; je höher die soziale Schicht ist, desto geringer ist die Wahrscheinlichkeit der Ehescheidung; katholische Ehen sind gegenüber evangelischen und nicht-konfessionell gebundenen Ehen stabiler. Insbesondere zeigt sich auf statistischer Ebene der Einfluss des Bildungsniveaus auf die Scheidungswahrscheinlichkeit. So weisen Lebensverlaufsdaten nach, dass die Ehen von Partnern mit mittlerem Bildungsniveau am stabilsten sind und besonders instabil jene Ehen sich erweisen, in denen Frauen höher qualifiziert sind als ihre Ehemänner und am stabilsten sind Ehen ohne Bildungsdifferenzen zwischen den Ehepartnern. Ferner lässt sich statistisch belegen, dass Ehen eher getrennt werden bei Kinderlosigkeit, wenn die Frau erwerbstätig ist, am seltensten treten Scheidungen bei Hauseigentümern auf usw. Überspitzt könnte man also aufgrund der statistischen Berechnungen prognostizieren: Die höchste Wahrscheinlichkeit einer Ehescheidung ist bei den Paaren gegeben, die kinderlos, evangelisch oder nicht-konfessionell gebunden sind, zudem in einem frühen Alter geheiratet haben, wenn die Ehefrau erwerbstätig und über ein höheres Bildungsniveau als der Ehemann verfügt und sie nicht in einem eigenen Haus wohnen.

Derartige einfache Korrelationsberechnungen stellen jedoch keine ausreichenden Analysen zur Aufdeckung von Ursachen bzw. Erklärungen von Ehescheidungen dar: Zum einen kann es sich hierbei um typische Scheinkorrelationen handeln, weil weitere Faktoren nicht erfasst und monokausale Erklärungen unterstellt werden. Zum anderen ist die Aussagekraft derartiger Korrelationsanalysen insofern beschränkt, da nicht feststeht, welchen empirischen Sachverhalt die einzelnen Variablen im Grunde genommen messen. Wenn z. B. ein Zusammenhang zwischen Ehescheidungsrisiko und Höhe des Schulbildungsabschlusses festgestellt wird, ist nicht klar, ob hierdurch die ökonomischen Chancen einer Ehescheidung, nämlich im Hinblick auf das damit zumeist verbundene höhere Einkommen oder ob Sozialisationswirkungen durch die schulischen Institutionen gemessen werden. Ein anderes Beispiel: Es gibt einen statistischen Zusammenhang – wie erwähnt – zwischen der Höhe der Kinderzahl und dem Ehescheidungsrisiko. Dieser kann Ausdruck sowohl einer sozialstrukturellen Benachteiligung kinderreicher Familien sein, bei denen eine Ehescheidung aus finanziellen Gründen nicht möglich ist; er kann aber mit gleicher Berechtigung als Folge einer Persönlichkeitsstruktur interpretiert werden, nämlich als eine hohe Familienorientierung, weswegen eben die Auflösung einer Ehe nur im äußersten Fall erwogen würde.

Mit dieser Kritik an den demographischen Studien wird ihr Wert nicht etwa völlig infrage gestellt, nur vor zu schnell abgeleiteten inhaltlichen Interpretationen sollte gewarnt werden. In diesem Zusammenhang ist die Arbeit von Diefenbach besonders interessant, in der die „Intergenerationale Scheidungstransmissions-These" überprüft wurde. Diese besagt, dass bei Kindern, deren Eltern geschieden wurden, ein – statistisch gesehen – höheres Ehescheidungsrisiko besteht als bei denen mit stabilen Elternbeziehungen. Man spricht in der Familiensoziologie von sog. „Ehescheidungsketten". Diesen statistischen Zusammenhang hat die Autorin zunächst aufgrund einer Re-Analyse der Daten der Mannheimer Ehescheidungsstudie, der bislang umfangreichsten Erhebung zu Scheidungsursachen in Deutschland, verifiziert. Doch die bisher in der Literatur vermuteten Erklärungen für diesen Sachverhalt (höheres Ehescheidungsrisiko durch Lernen am Modell oder durch die Weitergabe eines bestimmten Konfliktverhaltens oder durch die ökonomische Deprivation infolge der Scheidung u. a. m.) konnten bei der von der Verfasserin durchgeführten, methodisch aufwendigen Datenanalyse nicht standhalten. „Jeder Versuch, die intergenerationale Scheidungstransmission auf einen dieser Faktoren zurückzuführen greift zu kurz bzw. beleuchtet lediglich einen bestimmten Aspekt dieses Phänomens ... Die unterschiedlichen Erklärungen (stehen) nicht in einem Konkurrenzverhältnis zueinander ..., sondern (stellen) partielle Erklärungen dar (Diefenbach 2000: 271/274).

Inzwischen liegen eine Reihe von empirischen Analysen vor, die ebenso partielle Erklärungen für die Ursache von Ehescheidungen bieten, z. B. über den Einfluss des vorehelichen Zusammenlebens und Ehestabilität, über die eheliche Arbeitsteilung und Ehescheidungsrisiko, über die Wechselwirkung von Erwerbstätigkeit der Frau und Stabilität der Ehe u. a. m. (vgl. z. B. Brüderl et al. 1997; Hall 1998; Klein 1999. Beck-Hartmann 1999; Klein und Stauder 1999; Stauder 2000). Mit ihnen wird aber nicht die eingangs gestellte Frage nach dem zeitgeschichtlichen Anstieg von Ehescheidungen empirisch explizit beantwortet.

Bereits die allgemeine Deutung, dass aus dem statistischen Anstieg von Ehescheidungen auf eine „Krise", auf einen „Bedeutungsverlust von Ehe und Familie" geschlossen werden könnte, ist falsch.

Zunächst muss betont werden, dass die zugenommenen Scheidungszahlen höchstens eine Abnahme des Verpflichtungs- und Verbindlichkeitscharakters der Ehe im Zeitablauf signalisieren könnten. Denn in Bezug auf das Problem der Instabilität muss zwischen Ehe und Familie unterschieden werden. Die Absicht der Ehescheidung ist nämlich nur eine „Vertragskündigung" an den Ehepartner. Von wenigen Ausnahmen abgesehen, bleibt die Familie, wenn auch „geschrumpft", bestehen. Tyrell hat diesen Tatbestand prägnant formuliert: „‚Gekündigt' wird nur dem Ehepartner, mit dem das Zusammenleben nicht länger erträglich ist, gekündigt wird nicht den Kindern" (1983: 365). In der Alltagssprache hat sich deshalb die Bezeichnung „Ein-Eltern-Familie" immer stärker durchgesetzt, um zu betonen, dass die Familie durch einen Rollenausfall (genauer: durch eine reduzierte Rollenerfüllung seitens eines Rollenträgers) nicht „zerfällt", sondern in veränderter Form weiter existiert. Denn das Ehesystem kann sich in unserer Gesellschaft auflösen, das Eltern-Kind-System – allein schon juristisch – nicht. Es kann allein seine Form verändern; vor allem – wie bereits erwähnt – durch die reduzierten Kontaktmöglichkeiten mit dem aus der Haushaltsgemeinschaft ausgeschiedenen Elternteil.

Wenn also nicht von einem „Zerfall der Familie" gesprochen werden kann, so bleibt zu prüfen, ob ein Bedeutungsverlust der Ehe zu diagnostizieren ist.

So paradox es klingen mag, die Ergebnisse unserer eigenen Erhebung über verursachende Bedingungen von Ehescheidungen (Nave-Herz et al. 1990) zeigen das Gegenteil: Die Zunahme der Ehescheidungen ist nicht die Folge eines gestiegenen Bedeutungsverlustes der Ehe; nicht die Zuschreibung der „Sinn"losigkeit von Ehen hat das Ehescheidungsrisiko erhöht und lässt Ehepartner heute ihren Eheentschluss eher revidieren, vielmehr ist der Anstieg der Ehescheidungen Folge gerade ihrer hohen psychischen Bedeutung und Wichtigkeit für den Einzelnen, so dass die Partner unharmonische eheliche Beziehungen heute weniger als früher ertragen können, und sie deshalb ihre Ehe schneller auflösen. Zuweilen in der Hoffnung auf eine spätere bessere Partnerschaft.

Wenn eine Hauptursache die gestiegenen Ansprüche an die Qualität der Partnerbeziehung ist, wird gleichzeitig sichtbar, dass diese zum Mittelpunkt der Ehe wurden, dass der institutionelle Charakter der Ehe also im Zeitablauf de facto abgenommen hat, was in der Literatur zwar häufig behauptet, aber was wir erstmalig empirisch zu belegen versuchten und durch die Mannheimer Ehescheidungsstudie durch Esser und durch das von ihm entworfene Modell der Frame-Selektion bestätigt wurde (Esser 2002/2003).

Je stärker aber nun der institutionelle Charakter der Ehe in den Hintergrund tritt und allein die Beziehungsebene und damit Emotionen und Affekte bedeutsam werden, desto eher können Enttäuschungen über den Partner die Auflösung der Ehe begünstigen, da keine weiteren wesentlichen Funktionen der Ehe die aufgetretene Deprivation kompensieren können.

Dieser Wandel in der subjektiven Sinnzuschreibung der Ehe ist im Zusammenhang zu sehen mit gesamtgesellschaftlichen ökonomischen und normativen Veränderungen, vor allem im Hinblick auf den allgemeinen Wertewandel, nämlich von Pflicht- und Akzeptanzwertorientierungen zu Selbstwertorientierungen.

Neben dem Wandel in den Bedürfnissen an die Ehe kommt hinzu, dass die Abnahme traditioneller Vorgaben die Möglichkeit – insbesondere für Frauen – erhöht hat, überhaupt die eigenen Ansprüche an die Ehe bzw. an den Partner artikulieren zu können. Auch die Aufhebung traditioneller Geschlechtsrollen-Stereotypisierungen hat für Frauen „einklagbare Rechte" in Bezug auf die Partizipation des Mannes an den hauswirtschaftlichen Tätigkeiten gebracht, vor allem dann, wenn sie selbst erwerbstätig sind. Die damit verbundene Aufhebung des strukturellen Tauschverhältnisses kann aber durch fehlende klare Kompetenzzuschreibung zu konfliktreichen Aushandlungsprozessen führen und ebenso eheliche Konflikte „produzieren" und/oder verstärken.

Häufig wird im Zusammenhang mit der Abnahme traditioneller Vorgaben und damit von „Barrieren" für eine Ehescheidung die zugenommene Erwerbstätigkeit von verheirateten Frauen genannt. Unsere Daten wiesen ebenso einen höheren Anteil an erwerbstätigen Frauen als an Vollzeit-Hausfrauen aus; sie zeigten aber darüber hinaus, dass viele Frauen während oder nach der Trennungsphase erst eine Erwerbstätigkeit wieder aufnahmen bzw. eine Ausbildung oder Umschulung durchführten. Frauen versuchen also, sich selbst aus der ökonomischen Abhängigkeit von ihren Ehemännern bereits – oder erst – im Prozess der Eheauflösung oder danach zu befreien, sei es gezwungenermaßen oder freiwillig. Damit aber ist auch der quantitative Anstieg der Ehescheidungsziffern auf die Abnahme bestehender Ehen aufgrund von zwanghafter Kohäsion zurückzuführen. Mit der „Mannheimer Scheidungsstudie" wurde dieser Sachverhalt insbesondere belegt. Esser betont aufgrund seiner Datenanalyse: „Die Ergebnisse können auch zu verstehen helfen, warum die Stabilität von Ehen in den jüngeren Kohorten in einer derart dramatischen Weise abgesunken ist: Ehen, die in Schwierigkeiten kamen, wurden in den älteren Kohorten nicht einfach aufgegeben, schlicht weil es damals kaum alternative Opportunitäten gab, während neuerdings die verheirateten Paare sich nahezu unmittelbar dann trennen, wenn die ersten Krisen und die ersten (auch kleineren) Probleme auftauchen. Das Scheidungsgeschehen selbst sorgt für diesen sich offensichtlich auch selbstverstärkenden Prozess: Mit der Scheidung von Ehen gibt es auf dem Heiratsmarkt für Wiederverheiratungen mit einem Mal Alternativen, die es zuvor nicht gab. Und die schiere Verfügbarkeit von Alternativen führt dazu, eine Ehe, die nicht mehr besonders gut ist, in einem anderen Licht zu sehen, die andernfalls noch über der Fiktion einer ‚guten' Ehe gerahmt worden wäre" (2001: 127).

Wenn ich betonte, dass die institutionelle Sichtweise von Ehe im Zeitablauf abgenommen hat, heißt das aber nicht, dass damit generell die Ehe infrage gestellt wird, sondern nur die eigene. Man löst die Ehe nämlich auf, weil man den Wunsch auf Erfüllung einer idealisierten Partnerschaft und die hohen emotionalen Erwartungen an die Ehe nicht aufgibt.

Wenn als Hauptursache die gestiegenen Ansprüche an die Qualität der Partnerbeziehung für die Zunahme der Ehescheidungen aufgrund unserer Daten identifiziert werden konnten, so können weiterhin familienexogene Belastungen Verstärkereffekte bei bereits vorhandenen ehelichen Spannungen besitzen.

So z. B. belastete die Erwerbsarbeit bei mehr Geschiedenen als bei Verheirateten das Familienleben und führte häufiger zu Streitigkeiten; aber als verursachende oder auslösende Bedingungen für das Scheitern der Ehe wurde sie dennoch nicht von den Interviewten genannt. Sie scheinen also zwar keine direkte Wirkung auf die Ehescheidung gehabt zu haben, aber eine indirekte. Sie sind somit als Stressoren zu betrachten.

Weitere derartige Stressoren konnten wir aufgrund unserer Daten belegen: es sind die – bereits genannten – Konflikte über die innerfamiliale Arbeitsteilung, unbefriedigende sexuelle Beziehungen, Arbeitslosigkeit sowie lange oder unregelmäßige Arbeitszeiten.

Aus dem Anstieg der Zahl der Ehescheidungen kann ferner nicht auf eine schnelle unüberlegte Partnertrennung geschlossen werden. Die Ehescheidung ist als ein wechselhafter, psychisch für beide Partner hoch belastender Prozess zu begreifen, in dem sich der

Wunsch zur Trennung mit dem des Zusammenlebens immer wieder ablöst, was von allen Betroffenen ein hohes Maß an psychischen Kosten abverlangt.

Der Trennungsverlauf vieler Ehen ist nicht mehr durch einen unbedingten strikten Verweisungszusammenhang „wenn Trennung, dann Scheidung" gekennzeichnet: So haben sich vor der endgültigen Ehescheidung 30% der Geschiedenen mehrmals getrennt, von diesen sogar 62% zweimal und 22% drei- und mehrmals. Aber auch von der Kontrollgruppe der Verheirateten gaben 10% eine Trennung an.

Wenn also in der Literatur als ein Charakteristikum des Modernisierungsprozesses die heute umfassenderen Revisionsmöglichkeiten von individuellen Entscheidungen genannt werden, dann ist hinzuzufügen, dass ebenso die Revision der Revision zugenommen hat. Früher dagegen – jedenfalls in der hochbürgerlichen Familie – war die Ehe-Entscheidung (= Verlobung) kaum revidierbar. Die Entscheidung, eine Ehe aufzulösen, war – so gut wie – irreversibel, wie Fontane in seinem Roman „Effi Briest" es verdeutlicht hat, wenn auch an einem extremen Beispiel: Nur weil Instetten sich seinem Freund anvertraut hatte, war die „Untreue" seiner Frau „öffentlich" geworden und die Ehescheidung (und das Duell) zwingend. Er begründet: „Ich ging zu ihnen und schrieb ihnen einen Zettel, und damit war das Spiel aus meiner Hand. Von dem Augenblicke an hatte mein Unglück ... einen halben Mitwisser, und nach den ersten Worten, die wir gewechselt, hatte es einen ganzen. Und weil dieser Mitwisser da ist, kann ich nicht mehr zurück" (1952: 769).

Der Prozess der Eheauflösung kann zudem auch durch die Art des Umganges mit Konflikten seitens der Ehepartner beschleunigt werden (vgl. hierzu auch Weiß und Wagner 2011). Deren Austragen, und zwar in sprachlicher Form, kann eher zur Stabilisierung einer Ehe beitragen als deren Unterdrückung, was aus einer der Trennungsphase vorhergelagerten Resignationsphase in Bezug auf die Konfliktaustragung deutbar ist. Selbstverständlich muss es sich – im Sinne Cosers (1965) – um echte Konflikte handeln. Man kann aus diesem Ergebnis aber auch den „Umkehrschluss" ziehen, eine Ehe ohne (sichtbare) Konflikte, die in der Alltagsvorstellung als ideale Ehe gilt, braucht jedoch nicht immer auf harmonischen Beziehungen zu beruhen, sondern fehlende Konflikte können – im Gegensatz hierzu – Zeichen gegebener Instabilität sein.

Hierdurch wird sichtbar, dass das Ideal, das wir in Bezug auf die ehelichen Beziehungen anerkennen (= es sollte möglichst keine

Konflikte in einer Ehe geben, denn das ist ein Zeichen einer „guten" Ehe), die Ehe in der Realität gerade gefährdet.

Die Verbreitung realistischerer Bilder von der Ehe wären also angezeigt. In Massenkommunikationsmitteln werden Ehen nämlich vorwiegend entweder negativ (als krankmachend, beschränkend usw., wie in den wissenschaftlichen Abhandlungen Ende der 1960er-Jahre) gezeigt oder idealisiert als eine sich ewig haltende romantische „Honeymoon-Ehe".

9. Ausblick

Gesamtgesellschaftliche materielle sowie immaterielle Veränderungen, vor allem der nachgewiesene Wertewandel, ferner der Anstieg des Lebensalters und die Reduktion der Geburtenzahl haben zu stärkeren Differenzierungen von Lebensmustern (weniger von Familienformen in Bezug auf Rollenbesetzung und Familienbildungsprozesse!) in der Bundesrepublik Deutschland geführt; und das Leben in Familie, d.h. das Zusammenleben von Eltern und ihren Kindern, zu einer transitorischen Durchgangsphase im Lebenslauf des Einzelnen werden lassen.

Fast alle Bundesbürger – trotz häufig anders lautender Meldungen – gründen eine eigene Familie, wenn heutzutage auch später. Mit dem gestiegenen Alter der Eltern ist ihr höheres Bildungsniveau – vor allem der Mütter – gegenüber früheren Elterngenerationen verknüpft.

Versucht man die in den einzelnen Kapiteln beschriebenen Veränderungsdimensionen zusammenzufassen, so wird ihre sich gegenseitig verstärkende Wirkung offenbar: Veränderungen in den Rahmenbedingungen der Familie, der Funktions- und Bedeutungswandel von Kindern sowie die Einstellungsveränderung zur Eltern-Rolle und die gestiegenen hohen Leistungserwartungen an die Eltern (auch seitens der Eltern selbst) waren mit ausschlaggebende Faktoren für die Reduktion der Kinderzahl in der Familie. Die geringe Kinderzahl wiederum ermöglicht es den Eltern, zwar überhaupt erst den gestiegenen hohen Leistungsanforderungen gerecht zu werden. Sie hat aber gleichzeitig durch das Fehlen und durch die Kleinheit des Geschwistersubsystems eine stärkere Angewiesenheit der Kinder im Kleinkindalter auf die Erwachsenen, speziell auf die Eltern bzw. die Mutter gebracht. Die nachbarschaftliche Spielgruppe fällt zudem ebenso wegen des Geburtenrückgangs und der Art der Wohnweise in der Bundesrepublik Deutschland als Kompensationsfaktor zumeist aus. Dafür hat die institutionelle Kleinkinderbetreuung zugenommen und damit verbunden eine Professionalisierung und Vermarktlichung der Sozialisation im Kindesalter. Ferner verlangen die Veränderungen im Erziehungsverhalten von den jungen Eltern heute eine höhere sprachliche und kognitive Kompetenz u.a.m.

Durch die gestiegene Erwerbstätigkeit von Müttern und durch die stärkere Partizipation der jungen Väter an der Sozialisation ihrer Kinder hat zwar der Entdifferenzierungsprozess zwischen der Mutter- und der Vater-Rolle im Hinblick auf einige Rollensegmente begonnen: Aber die Verknüpfung der Vater- mit der Berufsrolle besitzt weiterhin in unserer Gesellschaft einen hohen Grad an Verbindlichkeit, und die Mutter-Rolle hat weiterhin vor der Berufsrolle Vorrang, obwohl durch das neue Unterhaltsgesetz diese Prioritätensetzung konterkariert wird. Für viele Frauen selbst dagegen ist die Doppelorientierung zum integralen Bestandteil ihres Lebensentwurfs geworden, obwohl weiterhin – vor allem in West-Deutschland – die Erwerbstätigkeit von Müttern mit Kleinkindern (nicht mehr so stark von Schulkindern) von der breiten Öffentlichkeit abgelehnt wird. Rollenambiguität ist vielfach die Folge. Es gibt für sie in Deutschland bisher – analog dem Label „neue Väter" – keines das „neue Mütter" heißt.

Häufig wird in der Literatur aus diesen strukturellen Veränderungen zu schnell auf eindimensionale Wirkungsketten geschlossen. Aber aus allen berichteten Wandlungsprozessen geht hervor, dass zwar gesamtgesellschaftliche Veränderungen zu innerfamilialem Wandel führten, aber diese Transferwirkungen sind nicht im Sinne eines „Reiz-Reaktions-Schemas" zu interpretieren (wie im Rahmen der schichtenspezifischen Sozialisationsthese familiales Leben gedeutet wurde). Gesamtgesellschaftliche Wirkungen erfahren durch die hohe Komplexität des Familiensystems sehr unterschiedliche innerfamiliale Verarbeitungen. Daher ist auch jede monokausale Erklärung – wie sie verschiedene Autoren gerade im Hinblick auf den familialen Strukturwandel und die daraus abzuleiten möglichen Folgen für die Erziehung immer wieder aufgestellt haben – unzulänglich, und sie erfassen damit nicht die soziale Realität. Das gilt sowohl für Scheidungsfolgen, für die alleinerziehenden Situationen als auch für die Mediennutzung u.a.m.

Dennoch scheint der Wandel des Bildungssystems und seine Expansion (neben den ökonomischen, medizinischen, demographischen und anderen gesellschaftlichen Veränderungen) der zentrale – wenn auch nicht ausschließliche – Faktor für den Wandel der verschiedenen familialen Dimensionen gewesen zu sein und den stärksten Einfluss auf das Familienleben genommen zu haben. Das gilt für die Einstellungs- und Verhaltensmuster der Eltern (z. B. für die Erziehungsziele bzw. -konzepte für die Sozialisationspraktiken), für die Lebenssituation der Kinder (z. B. längere ökonomische Abhängigkeit vom Elternhaus, höhere schulische Leistungsanforderungen an sie durch die Eltern) und für die gestiegene Erwerbstätigkeit von Müttern. Diese verlangt für immer mehr Frauen die Ausbalancierung zwischen Erwerbstätigkeit und Familientätigkeit, weil das Problem der Kinderbetreuung nicht gelöst und die innerfamiliale Arbeitsteilung sich kaum verändert hat.

Diese strukturellen Veränderungen (es konnten selbstverständlich nur einige wenige noch einmal genannt werden) haben das Leben in der Familie verändert. Familie zu leben ist durch die gestiegenen Leistungsanforderungen an die Eltern, durch den deutlichen Anstieg der psychischen Bedeutung der Ehe für den Einzelnen und durch z. T. überhöhte und idealisierte Erwartungen an subjektiv befriedigende und harmonische Beziehungen nicht leichter geworden. So können heutzutage Frustrationen und innerfamiliale Konflikte (bis hin zur Gewaltanwendung und/oder Scheidung) häufiger ausgelöst werden bzw. sie sind fast „vorprogrammiert".

Es wäre weiterhin zu fragen, ob durch die aufgezeigten Veränderungen im familialen Bereich und im Hinblick auf die familialen Rahmenbedingungen, gekoppelt mit den hohen Erwartungen anderer gesellschaftlicher Teilbereiche (des Bildungs- und Ausbildungssystems, des Gesundheitsbereichs usw.) an die Eltern und durch die Kindzentrierung der Familie sowie die beschriebene Pädagogisierung von Kindheit die Ansprüche an die Elternrolle nicht derart gestiegen sind, dass die Gefahr besteht, dass diese Leistungsanforderungen an die Eltern immer stärker zu einer Leistungsüberforderung werden. Das wiederum könnte den Sozialisationsprozess von Kindern gefährden. Sie könnten zudem für junge Frauen und Männer den Entschluss zur Familiengründung bzw. -erweiterung erschweren.

Eltern sind die entscheidende Sozialisationsinstanz in unserer Gesellschaft. Übersehen wird oft, dass die Trennung des Erwerbs- vom Familienbereich eine hohe Abhängigkeit des Arbeitsbereiches vom Familienbereich mit sich brachte. In der Literatur wird hingegen häufig nur die ebenfalls gegebene finanzielle Abhängigkeit der Familie vom Arbeitsbereich betont. Doch die Produktivität einer Volkswirtschaft wird durch die Qualität des Arbeitsvermögens der Produzierenden mitbestimmt, die man nicht nur durch die formalen Bildungssysteme, sondern vor allem durch die und in der Familie erwirbt. Die Leistungen, welche im Familienbereich erbracht werden, sind deshalb unverzichtbar nicht nur für den Arbeitsbereich und das Bildungssystem, sondern für alle übrigen Gesellschaftsbereiche (Fünfter Familienbericht 1994). Was aus der Sicht der Öffentlichkeit und der Eltern bzw. der Familie häufig als Privatsache erklärt wird, ist also von höchstem gesellschaftspolitischem und volkswirtschaftlichem Interesse.

Literatur

Albrecht, C (2002): Vermarktlichung der Familie? Formen der Auslagerung der Erziehung; in: Ökonomie und Gesellschaft, Jahrbuch 18, S. 239–256.

Alt, Ch. (2001): Kindheit in Ost und West – Wandel der familialen Lebensformen aus Kindersicht; Opladen.

Alt, Ch. (2009): Kinderstudien im Vergleich – DJI-Panel, LBS-Kinderbarometer, World Vision Kinderstudie, ZDF-Glückstudien; in: DJI Bulletin, 1, S. 32–35.

Alt, Ch.; Gloger-Tippelt, G. (2008): Persönlichkeitsentwicklung und Sozialstruktur; in: Kinderleben – individuelle Entwicklungen in sozialen Kontexten, Wiesbaden, S. 7–26.

Ambert, A. M. (1982): Differences in children's behavior toward custodial mothers and custodial fathers; in: Journal of Marriage and the Family, S. 73–87.

Ariès, P. (1975): Geschichte der Kindheit; München und Wien.

Bach, A. (2001): Die Renaissance der Ein-Eltern-Familie?, Herbolzheim.

Baethge, M. (1985): Individualisierung als Hoffnung und Verhängnis; in: Soziale Welt, S. 299–312.

Barabass, F. K. und M. Erler (2002): Die Familie – Lehr- und Arbeitsbuch für Familiensoziologie und Familienrecht; 2. Aufl., Weinheim/München.

Barquero, B. und Lange, A. (2011): Milieuspezifische Einstellungen zur außerfamiliären Betreuung von kleinen Kindern; in: ZSE, 3, S. 296–312.

Bauers, B. (1993): Psychische Folgen von Trennung und Scheidung für Kinder; in: Kinder im Scheidungskonflikt, hrsg. v. K. Menne, H. Schelling und M. Weber; Weinheim, S. 39–62.

Baumert, G. (1954): Deutsche Familien nach dem Kriege; Darmstadt.

Baumrind, D. (1971): Current Patterns of Parental Authority, The America Association.

Beck, U. (1986): Risikogesellschaft; Frankfurt a. M.

Beck, U. und E. Beck-Gernsheim (1990): Das ganz normale Chaos der Liebe; Frankfurt a. M.

Becker, G. S. (1974): A Theory of Marriage; in: Economics of the Family, hrsg. v. T. W. Schultz; London, S. 299–344.

Becker, R. und W. Lauterbach (2002): Familie und Armut in Deutschland; in: Wandel und Kontinuität der Familie in Deutschland – Eine zeitgeschichtliche Analyse, hrsg. v. R. Nave-Herz; Stuttgart, S. 159–182.

Becker, R. und W. Lauterbach (Hrsg.) (2004): Bildung als Privileg? Erklärungen und Befunde zu den Ursachen der Bildungsungleichheit; Wiesbaden.

Becker-Schmidt, R. (1980): Widersprüchliche Realität und Ambivalenz –

Arbeitserfahrungen von Frauen in Fabrik und Familie; in: Kölner Zeitschrift für Soziologie und Sozialpsychologie, S. 705–725.
Behrens, Ch. (2000): Hetereosexueller Imperialismus? Homosexuelle Subversion? Von den Ängsten vor einem Ende des Monopols Ehe; in: Gleichgeschlechtliche Lebensgemeinschaften in sozialethischer Perspektive, hrsg. v. S. Keil und M. Haspel; Neukirchen-Vluyn, S. 65–82.
Behrens, P. und Rathgeb, T. (2012): Fernsehen ist das wichtigste Familienmedium – Veröffentlichung der FIM-Studie 2011, hrgs. v. Medienpädagogischem Forschungsverbund Südwest, Stuttgart.
Benard, Ch. und E. Schlaffer (1978): Die ganz gewöhnliche Gewalt in der Ehe; Hamburg.
Bernstein, B. (1962): Social class linguisticcodes and grammatical elements; in: Language and speach, H. 5, S. 221–240.
Bertram, H. (Hrsg.) (1991): Die Familie in Westdeutschland – Stabilität und Wandel familialer Lebensformen, DJI-Familiensurvey 1; Opladen.
Bertram, H. (Hrsg.) (1992): Die Familie in den neuen Bundesländern – Stabilität und Wandel in der gesellschaftlichen Umbruchsituation, DJI-Familiensurvey 2; Opladen.
Bertram, H. und Ehlert, N. (Hrsg.) (2011): Familie, Bindungen und Fürsorge – Familiärer Wandel in einer vielfältigen Modernen, Opladen/Farmington Hills.
Bien, W.; A. Hartl und M. Teubner (2002): Stieffamilien in Deutschland; DJI-Survey 10, Opladen, S. 80–108.
Blossfeld, H. P. und S. Drobnic (Hrsg.) (2001): Careers of Couples in Contemporary Societies: From Male Breadwinner to Dual-Earner Families; Oxford.
BMFSF (2003): Wo bleibt die Zeit? Berlin.
BMFSFJ (2006): Ganztagsschule – ein Chance für Familien – Gutachten des Wissenschaftlichen Beirats für Familienfragen beim BMFSFJ, Wiesbaden.
BMFSFJ (2008): Balance zwischen Familie und Beruf, Berlin.
BMFSFJ (2008): Bildung, Betreuung und Erziehung – Kurzgutachten des Wissenschaftlichen Beirats für Familienfragen beim BMFSFJ, Berlin.
BMJFSFJ (2009): Familienreport – Leistungen, Wirkungen, Trends, Berlin.
BMFSFJ (2009): Memorandum Familie leben, Berlin.
Bois-Reymond, N. du (1991): Veränderungen in Umgangsstilen zwischen Eltern und Kindern; Vortrag zur Gedenktagung Norbert Elias, Kulturwissenschaftliches Institut; Essen-Heisingen vom 10. bis 19. Oktober 1991.
Braches-Chyrek, R. (2002): Zur Lebenslage von Kindern in Ein-Eltern-Familien, Opladen.
Brehm, U. (2010): Die Erziehungsziele von berufstätigen, arbeitsnahen und als Hausfrau tätigen Müttern. Eine Analyse anhand der Daten des Generations and Gender Surveys; in: Bevölkerungsforschung Aktuell, 6, S. 2–10.

Brüderl, J., Diekann, A. und Engelhardt, H. (1997): Erhöht eine Probeehe das Scheidungsrisiko? Eine empirische Untersuchung mit dem Familiensurvey; in: KfSS, S. 205–222.

Büchner, P. (1994): (Schul-)kind sein heute zwischen Familie, Schule und außerschulischen Freizeiteinrichtungen – zum Wandel des heutigen Kinderlebens in der Folge von gesellschaftlichen Modernisierungsprozessen; in: Materialien zum 5. Familienbericht, Bd. 4: Aspekte von Entwicklung und Bildung, hrsg. v. Deutschen Jugendinstitut; München.

Büchner, P.; B. Fuhs und H. H. Krüger (Hrsg.) (1996): Vom Teddybär zum ersten Kuß; Opladen.

Burkart, G. und M. Kohli (1992): Liebe, Ehe, Elternschaft. Die Zukunft der Familie; München.

Busch, F. und W.-D. Scholz (2002): Wandel in den Beziehungen zwischen Familie und Schule; in: Wandel und Kontinuität der Familie in Deutschland – Eine zeitgeschichtliche Analyse, hrsg. v. R. Nave-Herz; Stuttgart, S. 253–276.

Busch, F. und W.-D. Scholz (Hrsg.) (2006): Familienvorstellungen zwischen Fortschrittlichkeit und Beharrung; Reihe: Familie und Gesellschaft, Bd. 19, Würzburg.

Busse, S. und Helsper, W. (2007): Familie und Schule; in: Handbuch Familie; hrsg. v. Ecarius, Wiesbaden, S. 321–341.

Bussmann, K. D. (2007): Gewalt in der Familie; in: Handbuch Familie; hrsg. v. Ecarius, J., Wiesbaden, S. 637–652.

Claessens, D. (1967): Familie und Wertsystem; Berlin.

Clason, Ch. (1989): Die Ein-Eltern-Familie oder die Ein-Elter-Familie; in: Handbuch der Familien-und Jugendforschung, Bd. I: Familienforschung, hrsg. v. R. Nave-Herz und M. Markefka; Neuwied und Frankfurt a. M., S. 413–422.

Coser, L. A. (1965): Theorie sozialer Konflikte; Neuwied.

Dahrendorf, R. (1961): Homo soziologicus; 3. Aufl.; Köln und Opladen.

Datenreport (2011); hrsg. v. Statistischen Bundesamt (Destatis), Wiesbaden, und dem Wissenschaftszentrum Berlin für Sozialforschung (WZB), Zentrales Datenmanagement, Berlin.

Daum-Jaballah, M. (1990): Der Umgang mit ehelichen Konflikten; in: Scheidungsursachen im Wandel, hrsg. v. R. Nave-Herz et al.; Bielefeld, S. 115–130.

Deegener, G. (2009): Gewalt in Eltern-Kind-Beziehungen; in: Handbuch persönlicher Beziehungen; hrsg. v. Lenz, K. und Nestmann, F., Weinheim, S. 813–834.

Derleder, P. (1990): Die Entwicklung des deutschen Familienrechts seit 1945; in: Frauenforschung, H. 8, S. 78–86.

Diefenbach, H. (2000): Intergenerationale Scheidungstransmission in Deutschland; Reihe: Familie und Gesellschaft, Bd. 4, Würzburg.

Dippelhofer-Stiem, B. und B. Andres (1990): Selbständigkeit in früher Kindheit? Die Krippe in der Sicht von Erzieherinnen; in: Selbständigkeit für

Kinder – die große Freiheit?, hrsg. v. U. Preuss-Lausitz, T. Rülcker und H. Zeiher; Weinheim, S. 80–93.

Diskowsky, D.; Ch. Preissig und R. Prott (1990): Technik im Alltagsleben von Kindern – Aneignungsmuster von Technik im Spiegel der soziologischen Kindheitsdebatte, hrsg. v. WZB; Reihe: Mitteilung/Verbund sozialwissenschaftlicher Technikforschung H. 7, S. 36–48.

Dürr, L. (1932): Das Erziehungswesen im alten Testament und im antiken Orient; Leipzig.

Ecarius, J. (2002): Familienerziehung im historischen Wandel – Eine qualitative Studie über Erziehung und Erziehungserfahrungen von drei Generationen; Opladen.

Ecarius, J. (2007): Familienerziehung; in: Handbuch Familie, hrsg. v. J. Ecarius, Wiesbaden, S. 137–156.

Eggen, B. (2002): Gleichgeschlechtliche Lebensgemeinschaften. Erste Ergebnisse einer Untersuchung im Rahmen des Micro-Zensus; in Elternschaft heute, hrsg. v. N. F. Schneider und H. Matthias-Bleck; Opladen, S. 215–234.

Eggen, B. (2009): Gleichgeschlechtliche Lebensgemeinschaft mit und ohne Kinder, ifb-Materialien, Bamberg.

Eichler, N. (1982): Industrialization of Housework; in: The Changing Position of Women in Family and Society, hrsg. v. E. Lupri; Leiden.

Eiduson, T. B. (1980): Contempory Single Mothers; in: Current Topies in Early Childhood Education; Norwood, New York, S. 65–76.

Elskemper-Mader, H.; M. Ledig und D. Rijke (1991): Die Rolle der Schule im Freizeitverhalten der Kinder; in: Zeitschrift für Pädagogik, S. 619–641.

Engfer, A. (1991): Zeit für Kinder; Weinheim.

Engfer, A.; K. Schneewind und M. Beckmann (1983): Eltern und Kinder; Stuttgart.

Engstler, H. (1998): Die Familie im Spiegel der amtlichen Statistik; hrsg. v. BMFSFJ und dem Stat. Bundesamt; Bonn.

Erdmann, R. I. (1997): Typische alleinerziehende Mutter?; Oldenburg.

Esser, H. (2001): Das „Framing" der Ehe und das Risiko zur Scheidung; in: Solidarität und Partnerschaft und Familie, hrsg. v. J. Huinink, K. P. Strohmeier und M. Wagner, Reihe: Familie und Gesellschaft, Bd. 7; Würzburg.

Esser, H. (2002): Ehekrisen: Das (Re-)Framing der Ehe und der Anstieg der Scheidungsraten; in: Zeitschrift für Soziologie, S. 472–496.

Esser, H. (2003): Soziale Einbettung und eheliche (In-)Stabilität; in: Blickrichtung Familie – Vielfalt eines Forschungsgegenstandes, hrsg. v. M. Feldhaus, N. Logemann und M. Schlegel; Würzburg, S. 117–139.

Ewert, O. M. (1991): Säugling und Kleinkind im Blicke der modernen Psychologie; in: Familie und Recht, S. 10–15.

Fabian, R. (1993a): Veränderte Jugend; Oldenburger Vor-Drucke, hrsg. vom Zentrum für pädagogische Berufspraxis; Oldenburg.

Fabian, R. (1993 b): Gewalt in der Schule; Oldenburger Vor-Drucke, hrsg. vom Zentrum für pädagogische Berufspraxis; Oldenburg.

Familie und Arbeitswelt (1984): Gutachten des Wissenschaftlichen Beirats für Familienfragen beim Bundesministerium für Jugend, Familie und Gesundheit; Bd. 143 der Schriftenreihe des BMJFG; Stuttgart.

Feger, J. M. und Walper, S. (2012): Familien in prekären Situationen; in: Familie, Wissenschaft, Politik – Ein Kompendium der Familienpolitik; hrsg. v. Wissenschaftlichen Beirat für Familienfragen beim BMFSFJ, Würzburg, S. 193–212.

Feil, Ch. (1993): Das kindliche Fernsehpublikum – Gespräche und Spiele im Kindergarten; in: Was für Kinder – Aufwachsen in Deutschland – ein Handbuch, hrsg. v. Deutschen Jugendinstitut; München, S. 392–405.

Feldhaus, M. (2003): Niklas Luhmann und das Handy – Sozialsystem Familie und ubiquitäre Erreichbarkeit; in: Blickrichtung Familie, hrsg. v. M. Feldhaus, N. Logemann und M. Schlegel; Würzburg, S. 201–216.

Feldhaus, M. (2004): Mobile Kommunikation im Familiensystem – Zu den Chancen und Risiken mobiler Kommunikation für das familiale Zusammenleben; Reihe: Familie und Gesellschaft, Bd. 12; Würzburg.

Feldhaus, M. und Huinink, J. (2011): Multiple Elternschaft in Deutschland – eine Analyse zur Vielfalt von Elternschaften in Folgepartnerschaften; in: Zeitschrift für Familienforschung, Sonderheft, S. 77–104.

Feldhaus, M. und Schlegel, M. (2011): Einflüsse der Partnerschaftsdynamik auf den Übergang zur Kohabitation und zur Heirat; in: Partnerschaft, Fertilität und intergenerationale Beziehungen – Ergebnisse der ersten Welle des Beziehungs- und Familienpanels, hrsg. v. Brüderl, J., Castiglioni, L. und Schumann, N., Würzburg; Reihe: Familie und Gesellschaft, Bd. 26, S. 73–104.

Figdor, H. (1991): Kinder aus geschiedenen Ehen: zwischen Trauma und Hoffnung; Mainz.

Fölling-Albers, M. (1992): Schulkinder heute – Auswirkungen veränderter Kindheit auf Unterricht und Schulleben; Weinheim.

Fölling-Albers, M., Haider, T. und Meidenbauer, K. (2010): Schule ist auch nach der Schule; in: ZSE, S. 406–420.

Fontane, Th. (1952): Romane und Gedichte; Würzburg.

Forer, L. und H. Still (1982): Erstes, zweites, drittes Kind ... Welche Bedeutung hat die Geschwisterfolge für Kinder, Eltern, Familie?; Hamburg.

Freud, S. (1972): Neue Folgen der Vorlesungen zur Einführung in die Psychologie, Gesammelte Werke; Frankfurt.

Friesé, M. (1993): Interview mit Reinhart Lempp; in: Was für Kinder – Aufwachsen in Deutschland – ein Handbuch, hrsg. vom Deutschen Jugendinstitut; München, S. 111–118.

Fthenakis, W. E. (1985): Väter; 2 Bde.; München.

Fthenakis, W. E. (1993): 15 Jahre Vaterforschung im Überblick; in: Was für Kinder – Aufwachsen in Deutschland – ein Handbuch; München, S. 101–105.

Fthenakis, W. E. (2002): Mehr Geld? Zur (Neu-)Konzeptualisierung väterlichen Engagements; in: Mutterschaft, Vaterschaft, hrsg. v. W. E Fthenakis und M. R. Textor, Weinheim, S. 90–119.
Fthenakis, W. E. und B. Minsel (2001): Die Rolle des Vaters in der Familie; München.
Fthenakis, W. E.; R. Niesel und H. R. Kunze (1982): Ehescheidung – Konsequenzen für Eltern und Kinder; München.
Fthenakis, W. E.; B. Kalicki und G. Peitz (2002): Paare werden Eltern, Opladen.
Fthenakis, W. E. und M. Textor (Hrsg.) (2002): Mutterschaft, Vaterschaft; Weinheim.
Fthenakis, W. E. und A. Ladwig (2002): Homosexuelle Väter; in: Mutterschaft, Vaterschaft, hrsg. v. W. E. Fthenakis und M. R. Textor; Weinheim, S. 129–154.
Fünfter Familienbericht (1994): Familien und Familienpolitik im geeinten Deutschland – Zukunft des Humanvermögens; Bonn.
Fürstenberg, F. und A. Cherlin (1993): Geteilte Familien; Stuttgart.
Fux, B. (2011): Sozioökonomische Situation und soziale Beziehungen von Alleinerziehenden; Reihe: Beiträge zur Bevölkerungswissenschaft, Bd. 41, Würzburg.
Gaschke, S. (2000): Neues Deutschland. Sind wir nur eine Wirtschaftsgesellschaft?; in: Aus Politik und Zeitgeschichte, Das Parlament 1/2, S. 22–27.
Gaschke, S. (2001): Die Erziehungskatastrophe. Kinder brauchen starke Eltern, Stuttgart/München.
Gerhards, J. (1988): Soziologie der Emotionen; Weinheim.
Gerhardts, J.; Hölscher, M. (2003): Kulturelle Unterschiede zwischen Mitglieds- und Beitrittsländern der EU; in: Zeitschrift für Soziologie, S. 206–225.
Gernert, (Hrsg.) (1992): Über die Rechte des Kindes; Stuttgart.
Giesecke, H. (1987): Die Zweitfamilie – Leben mit Stiefkindern und Stiefvätern; Stuttgart.
Gloger-Tippelt, G. (1988): Schwangerschaft und erste Geburt – psychologische Veränderungen der Elternschaft; Stuttgart.
Gloger-Tippelt, G (2007): Eltern-Kind- und Geschwisterbeziehungen; in: Handbuch Familie; hrsg. v. Ecarius, J., Wiesbaden, S. 157–178.
Grundmann, M.; J. Huinink und L. Krappmann (1994): Familie und Bildung – empirische Ergebnisse und Überlegungen zur Frage der Beziehung von Bildungsbeteiligung, Familienentwicklung und Sozialisation; in: Materialien zum 5. Familienbericht, Bd. 4: Aspekte von Entwicklung und Bildung; München.
Gutschmidt, G. (1997): Ledige Mütter: Zahlen – Fakten – Interviews; Bielefeld.
Gysi, J. (Hrsg.) (1989): Familienleben in der DDR – Zum Alltag von Familien mit Kindern; Berlin.

Gysi, J. (1990): Die Zukunft von Familie und Ehe. Familienpolitik und Familienforschung in der DDR; in: Zeitschrift für Sozialisationsforschung und Erziehungssoziologie; 1. Beiheft, S. 33–41.
Haffter, C. (1948): Kinder aus geschiedenen Ehen; 1. Aufl., Bern.
Hall, A. (1997): „Drum prüfe, wer sich ewig bindet". Eine empirische Untersuchung zum Einfluss vorehelichen Zusammenlebens auf das Scheidungsrisiko; in: Zeitschrift für Soziologie, S. 275–295.
Heekerens, H. P. (1988): Die zweite Ehe – Wiederheirat nach Scheidung und Verwitwung; Weinheim.
Heiliger, A. (1990): Alleinerziehende – ohne Partner geht's oft besser; in: Psychologie heute, H. 11, S. 70–77.
Heitkötter, M. (2009): Öffentliche Betreuung und Familie – Spannungsfeld oder Ergänzung?; in: DJI Bulletin, 1, S. 18–21.
Herzer, M. (1998): Ehescheidung als sozialer Prozess; Opladen.
Hinsching, J. (1991): Einblick in das Freizeitbudget jüngerer Schulkinder in Ostdeutschland; in: Aufwachsen hüben und drüben, hrsg. v. P. Büchner und H. H. Krüger; Opladen, S. 181–186.
Hirchert, A. (2003): Mütter mit behinderten Kindern im Spannungsfeld zwischen Kind und Berufstätigkeit; in: Blickrichtung Familie, hrsg. v. M. Feldhaus, N. Logemann und M. Schlegel; Würzburg, S. 165–184.
Hofer, M. (1992): Die Familie mit einem Kind; in: Familienbeziehungen – Eltern und Kinder in der Entwicklung, hrsg. v. M. Hofer; E. Klein-Allermann und P. Noack; Göttingen, S. 129–151.
Hoffmann, L. B. (2002): Berufstätigkeit von Müttern: Folgen für die Kinder; in: Mutterschaft, Vaterschaft, hrsg. v. W. E. Fthenakis und M. R. Textor; Weinheim, S. 71–88.
Hoffmann-Riem, C. (1989): Elternschaft ohne Verwandtschaft. Adoption, Stiefbeziehung und heterologe Insemination; in: Handbuch der Familien- und Jugendforschung, Bd. I: Familienforschung, hrsg. v. R. Nave-Herz u. M. Markefka; Neuwied und Frankfurt a. M., S. 389–412.
Hoffmann-Riem, C.; M. Pieper und G. Riemann (1994): Elementare Phänomene der Lebenssituation – Ausschnitte aus einem Jahrzehnt soziologischen Arbeitens; Weinheim.
Hoffmann, L. W. (2002): Berufstätigkeit von Müttern, in: Mutterschaft, Vaterschaft; hrsg. v. W. F. Fthenakis und M. R Textor, Weinheim, S. 71–88.
Hoffmeister, D. (2001): Mythos Familie – Zur soziologischen Theorie familialen Wandels; Opladen.
Hofstätter, P. R. (1959): Einführung in die Sozialpsychologie; Stuttgart.
Höhn, C. et al. (1990): Bericht 1990 zur demographischen Lage – Trends in beiden Teilen Deutschlands und Ausländer in der Bundesrepublik Deutschland; in: Zeitschrift für Bevölkerungswissenschaft, S. 135–205.
Hondrich, K. O. (1975): Menschliche Bedürfnisse und soziale Steuerung; Hamburg.
Honig, M. S. (1988): Vom alltäglichen Übel zum Unrecht – Über den Bedeutungswandel familialer Gewalt; in: Wie geht's der Familie – ein Handbuch

zur Situation der Familie heute, hrsg. vom Deutschen Jugendinstitut; München, S. 187–202.
Honig, M. S. (1990): Gewalt in der Familie; in: Ursachen, Prävention und Kontrolle von Gewalt, hrsg. v. H. D. Schwind und J. Baumann, Bd. 3, Sondergutachten (Gewaltkommission); Berlin, S. 343–362.
Hopf, A. (1992): Grenzen der Erziehungsleistungen durch die Familie – Nachmittagsangebote durch die Schule?; in: Schulkinder heute – Auswirkung veränderter Kindheit auf Unterricht und Schulleben, hrsg. v. M. Fölling-Albers; Weinheim, S. 111–116.
Horkheimer, M. (Hrsg.) (1936): Studien über Autorität und Familie; in: Schriften des Instituts für Sozialforschung, Vol. 5, Paris
Hovestadt, G. und Eggers, N. (2007): Soziale Ungleichheit in der allgemeinbildenden Schule. Ein Überblick über den Stand der empirischen Forschung unter Berücksichtigung berufsbildender Wege zur Hochschulreife und der Übergänge zur Hochschule. Studie im Auftrag der Hans Böckler-Stiftung.
Hubert, S. (2011): Die Effekte von Religion auf die Kinderzahl; in: Partnerschaft, Fertilität und Intergenerationale Beziehungen; Reihe: Familie und Gesellschaft, Bd. 26, S. 203–226.
Huinink, J. (1991): Familienentwicklung in der Bundesrepublik Deutschland; in: Vom Regen in die Traufe – Frauen zwischen Beruf und Familie; hrsg. v. K. U. Meyer; Frankfurt, S. 239–317.
Huinink, J. (1999): Die Entscheidung zur nichtehelichen Lebensgemeinschaft als Lebensform – ein Vergleich zwischen Ost- und Westdeutschland; in: Nichteheliche Lebensgemeinschaften; hrsg. von Th. Klein und W. Lauterbach, Opladen, S. 113–138.
Huinink, J. und Röhler, H. (2005): Liebe und Arbeit in Paarbeziehungen – Zur Erklärung geschlechtstypischer Arbeitsteilung in nichtehelichen und ehelichen Lebensgemeinschaften; Reihe: Familie und Gesellschaft, Bd. 16, Würzburg.
Huinink, J. und D. Konietzka (2007): Familiensoziologie; Frankfurt a. M.
Hurrelmann, B. (1989): Fernsehen in der Familie; München.
Hurrelmann, K. (1989): Gewalt in der Schule; in: Ursachen, Prävention und Kontrolle von Gewalt, hrsg. v. H. D. Schwind und J. Baumann, Bd. 3, Sondergutachten (Gewaltkommission); Berlin, S. 363–379.
Hurrelmann, K. (1994): Lebensphase Jugend – Eine Einführung in die sozialwissenschaftliche Jugendforschung; Weinheim.
Hurrelmann, K. (1997): Lebensphase Jugend – Eine Einführung in die sozialwissenschaftliche Jugendforschung, 5. Aufl.; Weinheim.
Hurrelmann, K.; U. Engel et al. (1988): Failure in school family conflicts and psychosomatic disorders in adolescence; in: Journal of Adolescence, S. 237–249.
Inglehart, R. (1998): Modernisierung und Postmodernisierung – Kultureller, wirtschaftlicher und politischer Wandel in 43 Gesellschaften, Frankfurt/New York.

Institut für Demoskopie Allensbach (2006): Einstellungen zur Erziehung; hrsg. v. BMFSFJ, Berlin.
Jensen, St. (1983): Systemtheorie; Stuttgart.
Kalicki, B.; G. Preitz und W. E. Fthenakis (2002): Subjektive Elternschaftskonzepte und faktische Rollenausübung: Theoretische Überlegungen und empirische Befunde; in: Mutterschaft, Vaterschaft, hrsg. v. W. E. Fthenakis und M. R. Textor; Weinheim, S. 170–183.
Kasten, H. (1993): Die Geschwisterbeziehung; 2. Bde., Göttingen.
Kaufmann, F. X. (1988): Familie und Modernität; in: Die 'postmoderne' Familie, hrsg. v. K. Lüscher et al.; Konstanz, S. 391–416.
Kaufmann, F. X. (1995): Zukunft der Familie im vereinten Deutschland: gesellschaftliche und politische Bedingungen; München.
Keddi, B. und G. Seidenspinner (1991): Arbeitsteilung und Partnerschaft; in: Die Familie in Westdeutschland, DJI-Familiensurvey 1, hrsg. v. H. Bertram; Opladen, S. 159–192.
Keiser, S. (1992): Lebensbedingungen und Lebenssituationen von Kindern und Jugendlichen; in: Die Familie in den neuen Bundesländern, DJI-Familiensurvey 2, hrsg. v. H. Bertram; Opladen, S. 151–186.
Klein, T. (1999): Der Einfluss vorehelichen Zusammenlebens auf die spätere Ehestabilität; in: Scheidungsursachen aus soziologischer Sicht, hrsg. v. Klein, T. und Kopp, J; Reihe: Familie und Gesellschaft, Bd. 3, Würzburg, S. 309–324.
Klein, T. und Stauder, J. (1999): Der Einfluss ehelicher Arbeitsteilung und die Ehestabilität; in: Scheidungsursachen aus soziologischer Sicht, hrsg. v. Klein, T. und Kopp, J.; Reihe: Familie und Gesellschaft, Bd. 3, Würzburg, S. 159–177.
Klenner, C. (2009): Wer ernährt die Familie?; in: WSI-Mitteilungen 11 der Hans-Böckler Stiftung, S. 619–625.
Kohli, M. (1986): Der Lebenslauf im Strukturwandel der Moderne – Kontinuitäten und Zäsuren; in: Soziale Welt, Sonderband 4, S. 183–208.
König, R. (1955): Familie und Autorität – Der deutsche Vater im Jahr 1955; in: Materialien zur Soziologie der Familie; Köln 1974, S. 214–230
König, R. (1969): Soziologie der Familie; in: Handbuch der empirischen Sozialforschung, Bd. 2; Stuttgart, S. 172–305.
Krähenbühl, V. et al. (1986): Stief-Familien; Freiburg.
Kramer, M. (2005): Wertewandel in Europa: Geld oder Liebe?; in: BiB-Mitteilungen, H. 2, S. 23–30.
Krause, Ch. (1991): Familiale Sozialisation von Jungen und Mädchen in Ostdeutschland; in: Aufwachsen hüben und drüben, hrsg. v. P. Büchner und H. H. Krüger; Opladen, S. 89–96.
Kreyenfeld, M., Konietzka, D. und Walke, R. (2011): Dynamik und Determinanten nichtehelicher Mutterschaft in Ost- und Westdeutschland; in: Partnerschaft, Fertilität und intergenerationale Beziehungen; hrsg. v. Brüderl, J., Castiglioni, L. und Schumann, N.; Reihe: Familie und Gesellschaft, Bd. 26, Würzburg, S. 155–174.

Krüger, D. (1984): Trends und Tendenzen in der häuslichen Arbeitsteilung unter rollentheoretischer Perspektive; in: Familiäre Veränderungen seit 1950 – Eine empirische Studie – Abschlußbericht; Oldenburg (Institut für Soziologie), S. 176–254.

Krüger, D. (1990): Alleinleben in einer paarorientierten Gesellschaft. Eine qualitative Studie über die Lebenssituation und das Selbstverständnis 30- bis 45jähriger lediger alleinlebender Frauen und Männer; Pfaffenweiler.

Krüger, D.; W. Cornelißen und M. Grunwald (1989): Alleinerziehende Mütter in Nürnberg; hrsg. v. der Stadt Nürnberg, Frauenbeauftragte (hektographiert); Nürnberg.

Krüger, H. H. (1991): Zum Wandel von Freizeitverhalten und kulturellen Lebensstilen bei Heranwachsenen in Westdeutschland; in: Aufwachsen hüben und drüben, hrsg. v. P. Büchner und H. H. Krüger; Opladen, S. 203–222.

Krüger, H. und U. Rabe-Kleberg (Hrsg.) (1984): Kinderzeiten; Bremen.

Künzler, J. und W. Walter (2001): Arbeitsteilung in Partnerschaften – theoretische Ansätze und empirische Befunde; in: Solidarität in Partnerschaft und Familie, hrsg. v. J. Huinink, K. P. Strohmeier und M. Wagner, Reihe: Familie und Gesellschaft, Bd. 7; Würzburg, S. 185–218.

Lange, H. (1921): Lebenserinnerungen; Berlin.

Largo, R. und M. Czernin (2003): Glückliche Scheidungskinder – Trennungen und wie Kinder damit fertig werden; München.

Lauterbach, W. (2000): Kinder in ihren Familien. Lebensform und Generationsgefüge im Wandel; in: Kinder in Familie und Gesellschaft zu Beginn des 21sten Jahrhunderts, hrsg. von A. Lange und W. Lauterbach; Stuttgart, S. 155–187.

Lauterbach, W. (1999): Die Dauer Nichtehelicher Lebensgemeinschaften. Alternative oder Vorphase zur Ehe?; in: Nichteheliche Lebensgemeinschaften, hrsg. v. Th. Klein und W. Lauterbach; Opladen, S. 269–308.

Lehr, U. (1974): Die Rolle der Mutter in der Sozialisation des Kindes; Darmstadt.

Lempp, R.; zit. von M. Friesé (1993): Aufwachsen mit einem Elternteil. Kinder brauchen nicht nur einen Menschen – Interviews mit Reinhart Lempp; in: Was für Kinder – Aufwachsen in Deutschland – ein Handbuch, hrsg. v. Deutschen Jugendinstitut; München, S. 111–118.

Levine, J.A. und Pittinsky, T.L. (2002): Vaterschaft und Erwerbstätigkeit; in: Mutterschaft, Vaterschaft; hrsg. v. W. E. Fthenakis und M. R. Textor, Weinheim, S. 120–128.

Liegle, L. (1987): Welten der Kindheit und Familie; Weinheim.

Liegle, L. (1990): Struktur- und inhaltliche Probleme des Bildungssystems; in: Materialien zur Lage der Nation, Vergleich von Bildung und Erziehung in der Bundesrepublik Deutschland und in der DDR; Köln, S. 157–170.

Limbach, J. (1988): Väter im Wandel des Rechts; in: Zeitschrift für Sozialisationsforschung und Erziehungssoziologie, H. 4, S. 298–308.

Limbach, J. und S. Willutzki (2002): Die Entwicklung des Familienrechts seit 1949; in: R. Nave-Herz (Hrsg): Wandel und Kontinuität der Familie in der Bundesrepublik Deutschland; Stuttgart, S. 11–35.
Loeber, H. D. und W. D. Scholz (2003): Von der deutschen Bildungskatastrophe zum Pisa-Schock – Zur Kontinuität sozialer Benachteiligungen durch das deutsche Schulsystem; Baltmannsweiler, S. 241–286.
Logemann, N. (2003): Überlegungen zur theoretischen Einbettung des Mediums Internet in den familialen Kontext; in: Blickrichtung Familien, hrsg. v. M. Feldhaus; N. Logemann und M. Schlegel; Würzburg, S. 101–216.
Logemann, N. und M. Feldhaus (2002): Die Bedeutung von Internet und Mobiltelefon im familialen Alltag; in: Kontinuität im Wandel der Familie in Deutschland, hrsg. v. R. Nave- Herz; Stuttgart, S. 207–227.
Lukesch, H. (1977): Das Schwangerschaftserleben werdender Väter; in: Psychologie und Praxis, H. 3, S. 123–131.
Lüscher, K. und H. Engstler (1990): Pluralität in Grenzen – eine sozio-demographische Typologie aktueller Formen der Familiengründung in der Schweiz; in: Zeitschrift für Bevölkerungswissenschaft, H. 16, S. 407–413.
Maier, M. S. (2009): Homosexuelle Paare; in: Handbuch Persönlicher Beziehungen; hrsg. v. Lenz, K. und Nestmann, F., Weinheim, S. 259–276.
Maier-Aich, R. und I. Friedl (1993): Zusammenleben in Stieffamilien; in: Kinder im Scheidungskonflikt, hrsg. v. K. Menne, H. Schilling und M. Viva; Weinheim, S. 307–322.
Matthias-Bleck, H. (1997): Warum noch Ehe? Erklärungsversuche der kindorientierten Eheschließung; Bielefeld.
Mayer, K. U. (1991): Soziale Ungleichheit und die Differenzierung von Lebensverläufen; in: Die Modernisierung moderner Gesellschaften – Verhandlungen des 25. Deutschen Soziologentages in Frankfurt a. M., S. 667–687.
Menne, K. und K. Alter (Hrsg.) (1988): Familie in der Krise – Sozialer Wandel, Familie und Erziehungsberatung; Weinheim.
Menne, K.; H. Schilling und M. Weber (Hrsg.) (1993): Kinder im Scheidungskonflikt – Beratung von Kindern und Eltern bei Trennung und Scheidung; Weinheim.
Metz-Göckel, S. (1988): Väter und Väterlichkeit – zur alltäglichen Beteiligung der Väter an der Erziehungsarbeit; in: Zeitschrift für Sozialisationsforschung und Erziehungssoziologie, H. 4, S. 264–280.
Metz-Göckel, S. und U. Müller (1986): Der Mann – die Brigitte-Studie; Weinheim.
Mitterauer, M. (1983): Ledige Mütter – zur Geschichte illegitimer Geburten in Europa; München.
Mitterauer, M. (1989): Entwicklungstrends der Familie in der europäischen Neuzeit; in: Handbuch der Familien- und Jugendforschung, Bd. I: Familienforschung, hrsg. v. R. Nave-Herz und M. Markefka; Neuwied und Frankfurt a. M., S. 179–194.

Moinet, S. (1987): Meine Kinder, deine Kinder, unsere Kinder – Familienleben nach der Trennung; Düsseldorf.

Myrdal, A. und V. Klein (1962): Die Doppelrolle der Frau in Familie und Beruf; Köln.

Nauck, B. (1989): Familiales Freizeitverhalten; in: Handbuch der Familien- und Jugendforschung, Bd. I: Familienforschung, hrsg. v. R. Nave-Herz und M. Markefka; Neuwied und Frankfurt a. M., S. 325–344.

Nauck, B. (2011): Wert der Kinder und Generationensolidarität; in: Familie, Bindungen und Fürsorge; hrsg. v. Bertram, H. und Ehlert, N., Opladen, S. 329–348.

Nave-Herz, R. (1984): Familiale Veränderungen in der Bundesrepublik Deutschland seit 1950; in: Zeitschrift für Sozialisationsforschung und Erziehungssoziologie, H. 1, S. 45–63.

Nave-Herz, R. (1988): Kinderlose Ehen – Eine empirische Studie über die Lebenssituation kinderloser Ehepaare und die Gründe für ihre Kinderlosigkeit; München.

Nave-Herz, R. (1989a): Gegenstandsbereich und historische Entwicklung der Familienforschung; in: Handbuch der Familien- und Jugendforschung, Bd. I: Familienforschung, hrsg. v. R. Nave-Herz u. M. Markefka; Neuwied und Frankfurt a. M., S. 1–18.

Nave-Herz, R. (1992): Ledige Mutterschaft: eine alternative Lebensform?; in: Zeitschrift für Sozialisationsforschung und Erziehungssoziologie, H. 6, S. 219–232.

Nave-Herz, R. (1993): Die Geschichte der Frauenbewegung in Deutschland; 4. Aufl., Hannover.

Nave-Herz, R. (1997): Die Hochzeit – Ihre heutige Sinnzuschreibung seitens der Eheschließenden: eine empirisch soziologische Studie; Würzburg.

Nave-Herz, R. (1998): Die These über den 'Zerfall der Familie'; in: Die Diagnosefähigkeit der Soziologie, hrsg. v. J. Friedrichs, M. Lepsius und K. U. Mayer, Sonderheft 38 der Kölner Zeitschrift für Soziologie und Sozialpsychologie, S. 286–315.

Nave-Herz, R. (1999): Wozu Familiensoziologie? – Über die Entstehung, Geschichte und die Aufgaben der Familiensoziologie; in: Aktuelle Forschungsfelder der Familienwissenschaft, hrsg. v. F. W. Busch, B. Nauck und R. Nave-Herz, Band 1: Familie und Gesellschaft, Würzburg, S. 15–32.

Nave-Herz, R. (2001): Partnerschaft – Ehe – Familie: Eine sozialhistorische und soziologische Analyse des Wandels von Formen des Zusammenlebens in Deutschland; in: Eingetragene Lebenspartnerschaft – Rechtssicherheit für homosexuelle Paare: Angriff auf Ehe und Familie?, hrsg. v. H. Bosinski, P. Kirchhof et al.; Regensburg, S. 16–29.

Nave-Herz. R. (2006): Ehe und Familiensoziologie – Eine Einführung in Geschichte, Theoretische Ansätze und empirische Befunde; 2. Aufl.; Weinheim.

Nave-Herz, R. (2006a): Geschwister – Ausgewählte Aspekte ihrer möglichen gesamtgesellschaftlichen Bedeutung; in: ZSE, S. 282–294.

Nave-Herz, R. (2008): Die soziologische Relevanz von Vererbungspraktiken in Deutschland; Zeitschrift für politische Bildung, S. 4–24.

Nave-Herz, R. (2010): Die Geschichte der Familiensoziologie in Portraits; Reihe: Familie und Gesellschaft, Bd. 25, Würzburg.

Nave-Herz, R. (2011): Die Familie in Europa als „Fürgeinstitution" für ihre älteren Mitglieder – Historischer Rückblick und zukünftige Perspektiven, Opladen, S. 281–298.

Nave-Herz, R. (2012; im Druck): Eine sozialhistorische Betrachtung der Entstehung und Verbreitung des Bürgerlichen Familienideals in Deutschland; in: Familie(n) heute; hrgs. v. D. Krüger, Weinheim.

Nave-Herz, R. und B. Nauck (1978): Familie und Freizeit; München.

Nave-Herz, R. und D. Krüger (1992): Ein-Eltern-Familien. Eine empirische Studie zur Lebenssituation und Lebensplanung alleinerziehender Mütter und Väter; in: IFG-Materialien; Bielefeld.

Nave-Herz, R.; M. Daum-Jaballah; S. Hauser; H. Matthias und G. Scheller (1990): Scheidungsursachen im Wandel. Eine zeitgeschichtliche Analyse des Anstiegs der Ehescheidungen in der Bundesrepublik Deutschland; Bielefeld.

Nave-Herz, R.; M. Feldhaus und N. Logemann (2006): Verstärken die neuen Informations- und Kommunikationstechnologien Handy und Internet im privaten Raum die De-Institutionalisierung von Familie?; in: Wer den Ast absägt, auf dem er sitzt, kann deshalb noch längst nicht fliegen, hrsg. v. H. Heine, M. Schubert und V. Wittke; Berlin, S. 25–38.

Oberndorfer, R. und H. Rost: Neue Väter – Anspruch und Realität; in: Zeitschrift für Familienforschung, H. 1/2005, S. 50–65.

Oevermann, U. (1969): Schichtenspezifische Formen des Sprachverhaltens und ihr Einfluß auf die kognitiven Prozesse; in: Begabung und Lernen; Deutscher Bildungsrat – Gutachten und Studien der Bildungskommission, hrsg. v. H. Roth; Stuttgart, S. 297–356.

Onnen-Isemann, C. (1995): Ungewollte Kinderlosigkeit und modernere Reproduktionsmedizin; in: Familie im Brennpunkt von Wissenschaft und Forschung; hrsg. v. B. Nauck und C. Onnen-Isemann; Neuwied, S. 473–488.

Onnen-Isemann, C. (2000): Wenn der Familienbildungsprozess stockt … Eine empirische Studie über Stress- und Copingstrategien reproduktionsmedizinisch behandelter Partner; Heidelberg.

Ostner, I. (2002): Am Kind vorbei – Ideen und Interessen in der jüngeren Familienpolitik; in: ZSE, 3, S. 249–266.

Oswald, H. (1989): Intergenerative Beziehungen (Konflikte) in der Familie; in: Handbuch der Familien- und Jugendforschung, Bd. II: Jugendforschung, hrsg. v. M. Markefka und R. Nave-Herz; Neuwied und Frankfurt a. M., S. 367–381.

Oswald, H., D. P. Baker und D. L. Stevenson (1988): School charter and parental management in West-Germany; in: Sociology of Education, S. 255–265.

Paetzold, M. (1992): Familienentwicklungspsychologie; München.
Papastefanou, Chr. (1997): Auszug aus dem Elternhaus – Aufbruch und Ablösung im Erleben von Kindern und Eltern; Weinheim.
Papastefanou, Chr.; M. Hofer und M. Hassebrauck (1992): Das Entstehen der Familie; in: Familienbeziehungen; hrsg. v. M. Hofer, E. Klein-Allermann und P. Noack; Göttingen, S. 105–128.
Parsons, T. (1964): Beiträge zur soziologischen Theorie; Neuwied.
Pechstein, J. (1990): Elternnähe oder Krippe? Grundbedürfnisse des Kindes – Zur Information der Abgeordneten des Deutschen Bundestages, der Volkskammer und der Bundesländer; Schriftenreihe der Deutschen Liga für das Kind in Familie und Gesellschaft, Nr. 21; Neuwied.
Peiper, A. (1966): Chronik der Kinderheilkunde; 4. Aufl., Leipzig.
Permien, H. (1988): Zwischen Existenznöten und Emanzipation – alleinerziehende Eltern; in: Wie geht's der Familie? – ein Handbuch zur Situation der Familie heute, hrsg. vom Deutschen Jugendinstitut; München, S. 89–97
Peuckert, R. (2008): Familienformen im sozialen Wandel, 7. Aufl., Wiesbaden.
Pfeil, E. (1961): Die Berufstätigkeit von Müttern. Eine empirisch-soziologische Erhebung an 900 Müttern aus vollständigen Familien; Tübingen.
Pfeil, E. (1974): Die Einstellung der heute 23jährigen zur Erwerbstätigkeit der verheirateten Frau und Mutter; in: Hauswirtsch. Wissensch., S. 178–186.
Pikowsky, B. und M. Hofer (1992): Die Familie mit Jugendlichen – ein Übergang für Eltern und Kinder; in: Familienbeziehungen, hrsg. v. M. Hofer, E. Klein-Allermann und P. Noack; Göttingen, S. 194–210.
Popitz, H. (1972): Der Begriff der sozialen Rolle als Element der soziologischen Theorie; 3. Aufl., Tübingen.
Preuss-Lausitz, U.; T. Rülcker und H. Zeiher (Hrsg.) (1990): Selbständigkeit für Kinder – die große Freiheit?; Weinheim.
Pross, H. (1981): Familie und Frauen in Emanzipation; in: Emanzipation und Familie, hrsg. v. H. Pross, U. Lehr und R. Süßmuth, Schriftenreihe der Niedersächsischen Landeszentrale für Politische Bildung, Folge 7; Hannover, S. 7–29.
Rabe-Kleberg, U. und H. Zeiher (1984): Kindheit und Zeit. Über das Eindringen moderner Zeitorganisation in die Lebensbedingungen von Kindern; in: Zeitschrift für Sozialisationsforschung und Erziehungssoziologie, H. 1, S. 29–43.
Rehbein, F., Kleimann, M und Mößle, T. (2009): Computerabhängigkeit im Kindes- und Jugendalter – Empirische Befunde zu Ursachen, Diagnostik und Komorbiditäten unter besonderer Berücksichtigung spielimmanenter Abhängigkeitsmerkmale, hrsg. v. Kriminologischen Forschungsinstitut Niedersachsen e.V., Forschungsbericht Nr. 108, Hannover.
Reischies, A. und E. Rudnitzki (1987): Und plötzlich hab' ich Kinder – Probleme und Konfliktlösungen in Stieffamilien; Düsseldorf.
Rerrich, M. S. (1988): Balanceakt Familie – Zwischen alten Leitbildern und neuen Lebensformen; Freiburg.

Richter, J. (1989): Tagesfremdbetreuung zweijähriger – Ein Diskussionsbeitrag aus der DDR; in: Mitteilungen der Deutschen Liga für das Kind in Familie und Gesellschaft, Nr. 5.

Rolff, H. G. und P. Zimmermann (1992): Kindheit im Wandel – eine Einführung in die Sozialisation im Kindesalter; 2. Aufl., Weinheim.

Rollin, M. (1993): Typisch Einzelkind; in: Was für Kinder – Aufwachsen in Deutschland – ein Handbuch; München, S. 142–148.

Rosenbaum, H. (1988): Typen väterlichen Verhaltens – der Mann in deutschen Arbeiterfamilien am Ausgang des Kaiserreiches und in der Weimarer Republik; in: Zeitschrift für Sozialisationsforschung und Erziehungssoziologie, H. 4, S. 246–263.

Rothe, S. (1994): Gewalt in Familien – eine Literaturexpertise; Materialien zum 5. Familienbericht, Bd. 3: Gesundheitliche Aspekte, hrsg. vom Deutschen Jugendinstitut; München.

Ruckdeschel, K. (2010): Mutterbilder; in: Bevölkerungsforschung Aktuell, 5, S. 16.

Rupp, M. (2009): Die Lebenssituation von Kindern in gleichgeschlechtlichen Lebenspartnerschaften, Köln.

Rüssmann, K. und Becker, A. (2004): Die Interdependenz von Sozialstruktur, Familienzyklus, Interaktionsstil und Partnerschaftszufriedenheit; in: Interaktion und Kommunikation, hrsg. von P. B. Hill; Reihe: Familie und Gesellschaft, Bd. 15, Würzburg.

Sander, D. (1997): Warum nicht Ehe? Lebensformen lediger Erwachsener; Oldenburg (Diss.).

Sander, E. (1993): Kinder alleinerziehender Eltern; in: Handbuch der Kindheitsforschung, hrsg. v. M. Markefka und B. Nauck; Neuwied, S. 419–427.

Sander, E. (2002): Mutterschaft in Teilfamilien; in: Mutterschaft, Vaterschaft; hrsg. v. Fthenakis, W. E. und Texztor, M. R., Weinheim, S. 55–70.

Savin-Williams, R. C. und K. C. Esterberg (2000): Lesbian, Gay and Bisexual Families; in: Handbook of family diversity, hrsg. v. D. H. Demo; K. R. Allen und M. A. Fine; New York, S. 197–215.

Scharmann, D. L. und T. Scharmann (1975): Die Vater-Rolle im Sozialisations- und Entwicklungsprozeß des Kindes – theoretische Ansätze und empirische Materialien; in: Frühkindliche Sozialisation – Theorien und Analysen, hrsg. von F. Neidhardt; Stuttgart, S. 270–316.

Schelsky, H. (1953): Wandlungen der deutschen Familie in der Gegenwart; 4. Aufl., Stuttgart.

Schmidt, H. D. (1990): Kinderkrippen in der DDR – Was war gut und was war schlecht, und welche Reformen sind jetzt die wichtigsten?; in: Neues Deutschland vom 23./24. Juni.

Schmidt, M. G. (1993): Erwerbsbeteiligung von Frauen und Männern im Industrievergleich; Opladen.

Schmidt-Denter, U. (2000): Entwicklung von Trennungs- und Scheidungsfamilien: Die Kölner Längsschnittstudie; in: Familienpsychologie im Aufwind; hrsg. v. K. A. Schneewind; Göttingen, S. 203–221.

Schneewind, K. A. (1983): Konsequenzen der Elternschaft; in: Psychol. Erz. Unterricht, S. 161–172.

Schneewind, K. A. (1991): Familienpsychologie; Stuttgart.

Schneewind, K. A. (2002): Familie und Gewalt; in: Wandel und Kontinuität der Familie in Deutschland – Eine zeitgeschichtliche Analyse, hrsg. v. R. Nave-Herz; Stuttgart, S. 131–158.

Schneewind, K. A. und L. A. Vaskovics (1992): Optionen der Lebensgestaltung junger Ehen und Kinderwunsch (Verbundstudie); Studie im Auftrage des Bundesministerium für Familie und Senioren, Bd. 9, Schriftenreihe des BMFuS; Stuttgart.

Schneider, N. F.; K. Hauptmann; K. Eggen und B. Foelkers (2000): Wie leben die Deutschen? Lebensformen, Familien- und Teilzeitshaushaltsstrukturen in Deutschland; Sonderauswertungen mit den Daten des Micro-Zensus 1998, hrsg. v. BMFSFG, Materialien zur Familienpolitik Nr. 10; Mainz.

Schneider, N. F., D. Krüger, W. Lasch, R. Limmer und H. Matthias-Bleck (2001): Alleinerziehen – Vielfalt und Dynamik einer Lebensform; Weinheim.

Schneider, N. F. und Dobritz, J. (2011): Wo bleiben die Kinder?; in: Bevölkerungsforschung Aktuell 02, S. 21–22.

Schneider, N.F. (2011), zit. in: Gückel, B.: Aktuelle Mitteilungen aus dem BIB; in: Bevölkerungsforschung Aktuell, 3, S. 13–16.

Schröder, J. (2010): Der Zusammenhang zwischen der Erwerbstätigkeit von Frauen und ihrer Fertilität; Reihe: Familie und Gesellschaft, Bd. 27, Würzburg.

Schülein, J. A. (1990): Die Geburt der Eltern – Über die Entstehung der modernen Elternposition und dem Prozeß ihrer Aneignung und Vermittlung; Opladen.

Schulze, H. J. und T. Mayer (Hrsg.) (1987): Familie – Zerfall oder neues Selbstverständnis?; Königshausen.

Schumacher, J. (1988): Leistungsniveau und Leistungsbereitschaft in der Familie; in: Krise der Leistungsgesellschaft, hrsg. v. K. O. Hondrich; J. Schumacher et al.; Opladen.

Schütze, Y. (1986): Die gute Mutter – Zur Geschichte des normativen Musters „Mutterliebe"; Bielefeld.

Schütze, Y. (1988a): Zur Veränderung im Eltern-Kind-Verhältnis seit der Nachkriegszeit; in: Wandel und Kontinuität der Familie in der Bundesrepublik Deutschland, hrsg. v. R. Nave-Herz; Stuttgart, S. 95–114.

Schütze, Y. (1988b): Mütterliche Erwerbstätigkeit und wissenschaftliche Forschung; in: Frauensituationen – Veränderungen in den letzten 20 Jahren, hrsg. v. U. Gerhardt und Y. Schütze; Frankfurt a. M., S. 114–140.

Schütze, Y. (2002): Zur Veränderung im Eltern-Kind-Verhältnis seit der Nachkriegszeit; in: Wandel und Kontinuität der Familie in Deutschland – Eine zeitgeschichtliche Analyse, hrsg. v. R. Nave-Herz; Stuttgart, S. 71–98.

Shell Jugendstudie, 16. (2010): Jugend 2010; hrsg. v. Albert, M., Hurrelmann, K. und Quenzel, G., Frankfurt.
Shell-Studie (1992): Jugend '92 – Lebenslagenorientierungen und Entwicklungsperspektiven im vereinigten Deutschland; Opladen.
Shell-Studie (2000): Jugend 2000–13. Shell Jugendstudie; Opladen.
Shell-Studie (2002): Jugend 2002; Frankfurt a. M.
Shorter, E. (1977): Die Geburt der modernen Familie; Hamburg.
Solloway, F. J. (1999): Der Rebell der Familie – Geschwisterrivalität, kreatives Denken und Geschichte; Berlin.
Sommer, B. (1991): Eheschließungen, Geburten und Sterbefälle 1989; in: Wirtschaft und Statistik, H. 1, S. 28–32.
Sommerkorn, I. N. (1988): Die erwerbstätige Mutter in der Bundesrepublik: Einstellungs- und Problemveränderungen; in: Wandel und Kontinuität der Familie in der Bundesrepublik Deutschland, hrsg. v. R. Nave-Herz; Stuttgart, S. 115–144.
Sommerkorn, I. N. und F. Abrahams (1976): Arbeitswelt, Familienstruktur und Sozialisation; in: Sozialisation und Lebenslauf, hrsg. v. K. Hurrelmann; Hamburg, S. 70–89.
Sommerkorn, I. N. und K. Liebsch (2002): Erwerbstätige Mütter zwischen Beruf und Familie: Mehr Kontinuität als Wandel; in: Wandel und Kontinuität der Familie in Deutschland – Eine zeitgeschichtliche Analyse, hrsg. v. R. Nave-Herz; Stuttgart, S. 99–130.
Stacey, J. (1990): Brave new families; New York.
Statistisches Bundesamt vom 3. 8. 2011: Wie leben Kinder in Deutschland, Wiesbaden.
Stauder, J. (2000): Eheliche Arbeitsteilung und Ehestabilität, Diss., Heidelberg.
Steffens, M. C. (2010): Diskriminierung von Homo- und Bisexuellen; in: Aus Politik und Zeitgeschehen, 15/16, S. 14–32.
Steinbach, A, (2010): Generationenbeziehungen in Stieffamilien, Wiesbaden.
Stich, J. (1993): Kinder in Stieffamilien – Beziehungen, die ganz normal anders sind; in: Was für Kinder – Aufwachsen in Deutschland – ein Handbuch, hrsg. v. Deutschen Jugendinstitut; München, S. 149–164.
Strauß, M. A.; R. J. Gelles und S. K. Steinmetz (1980): Behind closed doors; New York.
Streib-Brzic, U. und S. T. Gerlach (2005): Und was sagen die Kinder dazu? Gespräche mit Töchtern und Söhnen lesbischer und schwuler Eltern; Berlin.
Swaan, A. de (1982): Vom Ausgehverbot zur Angst vor der Straße; in: päd extra, H. 2, S. 48–55.
Szydlik, M. (2000): Lebenslange Solidarität? Generationenbeziehungen zwischen erwachsenen Kindern und Eltern; Opladen.
Teichert, V. (1990): Familie und Gesellschaftsstruktur; in: Junge Familien in der Bundesrepublik, hrsg. v. V. Teichert; Opladen, S. 11–25.

Textor, M. R. (1991): Familien – Soziologie, Psychologie – Eine Einführung für soziale Berufe; Freiburg.

Textor, M. R. (2002): Mutterwerdung – Mutterschaft; in: Mutterschaft, Vaterschaft; hrsg. v. W. E. Fthenakis und M. R. Textor, Weinheim, S. 32–54.

Thornton, A.; Axinn, W.G.; Xie, Y. (2011): Historische Perspektiven zur Ehe; in: Familie, Bindung, Fürsorge – Familiärer Wandel in einer Vielfältigen Moderne; hrsg. v. Bertram, H.; Ehlert, N., Opladen, S. 67–92.

Thurnwald, H. (1948): Gegenwartsprobleme Berliner Familien; Berlin.

Tietze, W. (1990): Zur Betreuungssituation von Kindern im Vorschulalter in der Bundesrepublik Deutschland; Westfälische Wilhelms-Universität (hektographiert); Münster.

Tietze, W. und H. G. Rossbach (1991): Die Betreuung von Kindern im vorschulischen Alter; in: Zeitschrift für Pädagogik, S. 555–559.

Tietze, W.; H. G. Rossbach und K. Roitsch (1993): Betreuungsangebote für Kinder im vorschulischen Alter – Ergebnisse einer Befragung von Jugendämter in den alten Bundesländern; Bd. 14 der Schriftenreihe des Bundesministeriums für Frauen und Jugend; Stuttgart.

Tölke, A. (1991): Partnerschaft und Eheschließung – Wandlungstendenzen in den letzten fünf Jahrzehnten; in: Die Familie in Westdeutschland, DJI-Familiensurvey 1, hrsg. v. H. Bertram; Opladen, S. 113–158.

Trost, J. (1989): Nichteheliche Lebensgemeinschaften; in: Handbuch der Familien- und Jugendforschung, Bd. I: Familienforschung, hrsg. v. R. Nave-Herz und M. Markefka; Neuwied und Frankfurt a.M., S. 363–374.

Tyrell, H. (1978): Die Familie als „Urinstitution". Neuerliche spekulative Überlegungen zu einer alten Frage; in: KZfSS, S. 611–651.

Tyrell, H. (1985): Literaturbericht – Nichteheliche Lebensgemeinschaften in der Bundesrepublik Deutschland, Schriftenreihe des Bundesministerium für Jugend, Familie, Frauen und Gesundheit; Bd. 170; Stuttgart, S. 93–140.

Tyrell, H. (1988): Ehe und Familie – Institutionalisierung und Deinstitutionalisierung; in: Die postmoderne Familie, hrsg. v. Lüscher, K. und Wehrspaun, M., Konstanz, S. 145–156.

Urdze, A. und M. Rerrich (1981): Frauenalltag und Kinderwunsch; Frankfurt.

Vaskovics, L. A. (1997): Solidarleistungen der Eltern für ihre erwachsenen Kinder in den neuen und alten Bundesländern; in: Generationen–Beziehungen, Austausch und Tradierung; hrsg. v. J. Mansel, G. Rosenthal und A. Toelke; Opladen, S. 97–108.

Vaskovics, L. A. und H. P. Buba (Hrsg.) (2000): Benachteiligung gleichgeschlechtlich orientierter Personen und Paare; Studie im Auftrage des Bundesministerium der Justiz; Bonn.

Wagner, M. (2008): Entwicklung und Vielfalt der Lebensformen; in: Lehrbuch Moderne Familiensoziologie; hrsg. v. N. F. Schneider, Opladen, S. 99–120.

Wahl, K. (1989): Die Modernisierungsfalle – Gesellschaft, Selbstbewußtsein und Gewalt; Frankfurt a.M.

Walper, S. (2002): Einflüsse von Trennung und neuer Partnerschaft der Eltern – Ein Vergleich von Jungen und Mädchen in Ost- und Westdeutschland; in: Zeitschrift für Soziologie der Erziehung und Sozialisation; 2002 S. 25–46.

Walper, S. und B. Schwarz (Hrsg.) (2002): Was wird aus den Kindern? Chancen und Risiken für die Entwicklung von Kindern aus Trennungs- und Stieffamilien; 2. Aufl., Weinheim.

Walter, W. und J. Künzler (2002): Parentales Engagement. Mütter und Väter im Vergleich; in: Elternschaft heute, hrsg. v. N. F. Schneider und H. Matthias-Bleck; Opladen, S. 95–120.

Weidacher, A. (1992): Die Wohnsituation von Familien; in: Die Familie in den neuen Bundesländern, hrsg. v. H. Bertram, DJI-Familiensurvey 2; Opladen, S. 313–342.

Weiß, B. und Wagner, M. (2010): Beeinflussen Konflikte die Partnerschaftsstabilität?; in: Partnerschaften und die Beziehungen zu Eltern und Kindern – Befunde zur Beziehungs- und Familienentwicklung in Deutschland/pairfam; Reihe: Familie und Gesellschaft, Bd. 24, Würzburg, S. 135–152.

Wengler, A.; Trappe, H.; Schmitt, C. (2008): Partnerschaftliche Arbeitsteilung und Elternschaft. Analysen zur Aufteilung von Hausarbeit und Elternaufgaben auf Basis des Generations und Gender Survey, Wiesbaden.

Wetzstein, Th.; P. I. Erbeldinger et al. (2006): Jugendliche Cliquen. Zur Bedeutung der Cliquen und ihrer Herkunfts- und Freizeitwelten; Wiesbaden.

Winkler, G. (1990): Frauenreport '90; Berlin.

Wissenschaftlicher Beirat für Frauenpolitik beim BMFJ (1993): Frauen im mittleren Lebensalter – Lebenslagen der Geburtskohorten von 1935–1950 in den alten und neuen Bundesländern, Schriftenreihe des BMFJ Band 13; Stuttgart.

Witte, E. H.; J. Sibbert und I. Kesten (1992): Trennung- und Scheidungsberatung: Grundlagen – Konzepte – Angebote; Göttingen.

Wollerstein, J. und S. Blakeslee (1989): Gewinner und Verlierer – Frauen, Männer, Kinder nach der Scheidung – Eine Langzeitstudie; München.

Wurzbacher, G. (1951): Leitbilder gegenwärtigen deutschen Familienlebens; Stuttgart.

Zapf, W. (1992): Entwicklung und Sozialstruktur moderner Gesellschaften; in: Einführung in die Hauptbegriffe der Soziologie, hrsg. v. H. Korte und B. Schäfers; Opladen, S. 181–194.

Zerle, C. (2008): Lernort Freizeit: Die Aktivitäten von Kindern zwischen 5 und 13 Jahren; in: Kinderleben – Individuelle Entwicklung in sozialen Kontexten; Schriften des Deutschen Jugendinstitut: Kinderpanel, Wiesbaden, S. 345–368.

Zwiener, K. (1994): Einflüsse von Familie und Krippe auf Entwicklung und Gesundheit bei Krippenkindern – eine Untersuchung aus 200 Kinderkrippen der DDR (1988); in: Materialien zum 5. Familienbericht, Bd. 4: Aspekte von Entwicklung und Bildung; München.

Anhang

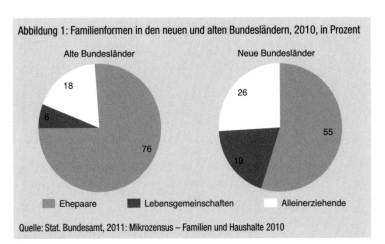

Abbildung 1: Familienformen in den neuen und alten Bundesländern, 2010, in Prozent

Quelle: Stat. Bundesamt, 2011: Mikrozensus – Familien und Haushalte 2010

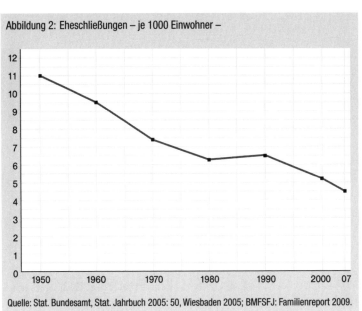

Abbildung 2: Eheschließungen – je 1000 Einwohner –

Quelle: Stat. Bundesamt, Stat. Jahrbuch 2005: 50, Wiesbaden 2005; BMFSFJ: Familienreport 2009.

Tabelle 2: Minderjährige Kinder 2010 nach Zahl der Geschwister und Familienform in %

Minderjährige Kinder nach Familienform	Ohne Geschwister	Mit Geschwistern			
		zusammen	mit 1 Geschwisterkind	mit 2 Geschwistern	mit 3 und mehr Geschwistern
Deutschland					
Insgesamt	25,4	74,6	47,6	19,1	7,9
Ehepaare	19,9	80,1	50,4	21,1	8,6
Lebensgemeinschaften	46,0	54,0	38,9	10,1	4,9
Alleinerziehende	41,5	58,5	39,0	13,8	5,7
Früheres Bundesgebiet					
Insgesamt	23,7	76,3	48,1	20,0	8,2
Ehepaare	19,0	81,0	50,4	21,8	8,8
Lebensgemeinschaften	44,9	55,1	38,0	10,8	6,3
Alleinerziehende	40,1	59,9	39,9	14,1	5,9
Neue Länder (einschließlich Berlin)					
Insgesamt	34,8	65,2	45,2	14,1	6,0
Ehepaare	26,2	73,8	50,3	16,2	7,3
Lebensgemeinschaften	47,9	52,1	40,5	8,8	2,7
Alleinerziehende	46,1	53,9	36,2	12,6	5,1

Quelle: Stat. Bundesamt v. 3. 8. 2011: 13.
Ergebnisse des Mikrozensus – Bevölkerung in Familien/Lebensformen am Hauptwohnsitz. Abweichungen in den Summen sind rundungsbedingt.

Anhang

Abbildung 3: Entwicklung der Geburtenrate 1990 – 2010

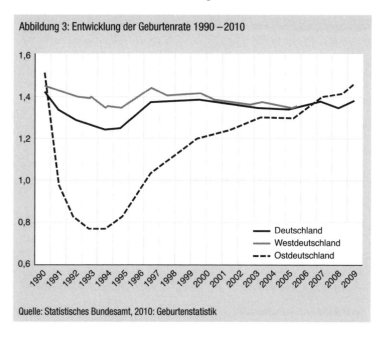

Quelle: Statistisches Bundesamt, 2010: Geburtenstatistik

Abbildung 4: Durchschnittliches Alter bei Erstehe, nach Geschlecht und Region

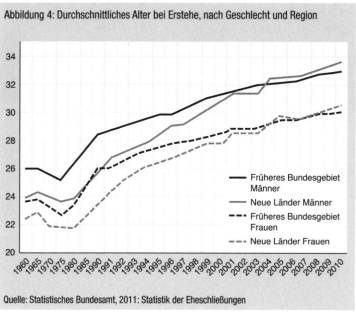

Quelle: Statistisches Bundesamt, 2011: Statistik der Eheschließungen

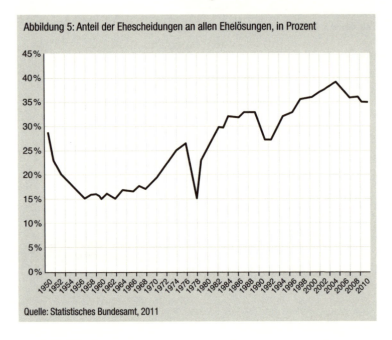

Abbildung 5: Anteil der Ehescheidungen an allen Ehelösungen, in Prozent

Quelle: Statistisches Bundesamt, 2011

Sachregister

Adoption 16, 23, 33
Adoptionsfamilie 17, 22 ff., 24
Ahnenreihe 56
Alleinerziehende 22 ff., 95 ff., 109 ff.
Alltag
– familialer Wandel 29 ff., 88 ff., 129
– kindlicher 89 ff.
– Zeitstruktur 93
Arbeitsbedingungen 45
Arbeitsbeurlaubung 55
Arbeitslosigkeit 39, 86 ff., 124
Arbeitsplatz 78, 116
– Konflikte 12
– Stress am 86
Arbeitsteilung, (inner-)familiale 14, 49 ff., 124, 129
Arbeitsteilung, geschlechtsspezifische 38, 42, 50
Arbeitswelt 42, 79
– familienfreundliche 42
Arbeitszeiten 45, 48, 51, 124
Ausbildungszeiten, Verlängerung 79
Außensysteme, familiale 12
Autoritätsstrukturen, eheliche 59 ff.

Beruf 42, 53, 60
Berufsarbeit, Einstellung zur 45 ff.
Berufsfindungszeiten 79
Beziehung/en
– eheliche 62 ff., 124, 128
– emotionale 51, 81 ff., 118
– gleichgeschlechtliche 115 ff.
– innerfamiliale 14, 63 ff., 81
– sexuelle 115 ff.
– sexuelle, voreheliche 18
– sexuelle, unbefriedigende 125

Beziehungskonflikte 84, 118 ff., 123, 126
Bezugspersonen 44, 69
Bildung 75 ff.
Bildungsabschlüsse 77
Bildungseinrichtung 47
Bildungsexpansion 80
Bildungsniveau 36, 123
Bildungssystem 75 ff.
Bindungsfähigkeit 43
Bindungstheorie 40
Binnendifferenzierung, funktionale 14
Binnenstruktur, familiale 38 ff.
Bruder 70, 74

De-Institutionalisierungsthese 13 ff., 118
Dienstboten 44
Differenzierungsprozess, struktureller 19
Differenzierungsthese 102
Diskriminierung
– homosexuelle Paare 114 ff.
– ledige Mütter 99 ff.
Doppelbelastung 21, 27, 43, 50 ff.
Drei-Generationen-Familie 15
Drei-und Mehr-Kinder-Familien 30

Ehe/n
– Bedeutungsverlust 13, 25, 121 ff.
– Bildungsdifferenzen 120
– Erwartungen an 20, 24 ff., 124, 127
– Formen 13 ff.
– Funktionen 19, 21, 123
– Gewalt in der 81 ff.
– Instabilität 13, 25, 103, 119 ff.
– kinderlose 24 ff., 27, 33

Ehe/n (Forts.)
- kinderreiche 24
- Sinnzuschreibung 19, 123 ff., 129
- Spezialisierung, funktionale 19
- Stressoren 124
- Trennungsverlauf 125
- Vergewaltigung in 83 ff.
- Verpflichtungscharakter 20, 122 ff.

Ehe-Entscheidung 18 ff., 21, 65, 122, 125

Ehekonzept, traditionelles 21

Ehescheidung 118 ff.
- Anstieg 119
- Einstellungswandel 105
- Schuldzuschreibung 104
- Ursachen 120 ff.

Ehescheidungsquote 24, 119 ff.

Ehescheidungsrisiko 120 ff.

Eheschließung
- formale 16, 23 ff.
- kindorientierte 19 ff.

Eheschließungszahlen 20 ff., 118

Ein-Eltern-Familien 14, 22 ff., 95 ff., 122

Ein-Personen-Haushalte 28

Einzelkind/er 30, 36, 72 ff., 104
- Situation bei Scheidung 104 ff.

Eltern
- Alter, gestiegenes 127
- alleinerziehende 95 ff.
- Bildungsaspiration 76
- Bildungsniveau, höheres 127
- Erziehung, Hauptträger der 105
- Hausaufgabenbetreuung 77
- Lage, finanzielle/wirtschaftliche 77 ff., 80
- leibliche 24, 113
- Leistungsanforderungen 127 ff.
- Leistungsüberforderung 129
- Schuldgefühle 84
- Selbstverständnis 33
- Sozialisationspraktiken 66 ff., 127
- Sprachcode 78 ff.
- Unterstützungsleistungen 78 ff.
- verwitwete 108 ff.

Eltern-Kind-Beziehung 30, 44, 62 ff., 68 ff., 92, 105
- Exklusivcharakter 105

Eltern-Kind-Einheit 16 ff., 27
- biologisch-genetische 16

Elternrolle 30, 64 ff., 76, 116, 127 ff.
- Ansprüche 127 ff.

Elternschaft, verantwortete 21, 32 ff.

Elterntyp, moderner 63

Elternzentriertheit 68

Enkel 35

Entdifferenzierungsprozeß 59 ff., 128

Erst-Kind-Schock 32, 35, 56, 66

Erwerbsarbeits-Hierarchie 78

Erwerbstätigkeit 39 ff., 78
- Aufgabe 86
- Frau 21, 121
- mütterliche 21, 39 ff., 44, 86

Erziehungsgeld 55

Erziehungsideale, neue 68

Erziehungskompetenz 63

Erziehungspraktiken/-mittel 67 ff., 78 ff., 81 ff.

Erziehungsstilforschung 66

Erziehungsurlaub 48, 53

Erziehungsverhalten 66 ff., 71, 96, 127

Erziehungsziele 66 ff., 77 ff., 128

Familie/n
- Bedeutungsverlust 13, 25, 121
- Begriff 13 ff., 112
- Freizeit 88 ff.
- funktionale Spezialisierung 19
- Generationendifferenzierung 15
- hochbürgerliche 52, 98, 125
- Idealbild 40, 81, 98
- kinderreiche 33, 122
- Kindzentrierung 35, 129
- mutterlose 106 ff.
- Pluralität 13 ff., 17, 23, 25, 28
- Reproduktionsfunktion 15
- Rollenstruktur 14 ff., 38 ff.
- Traditionsverlust 13
- Zeitbudget 88

Sachregister

Familienalltag 29ff., 52ff.
Familienbildungsprozesse 14, 16ff., 22, 29
Familienbiografie 15
Familienerziehung 46, 50, 72
Familienformen
- neu entstandene 13ff., 114
- Pluralität 12ff., 17, 25
Familienfunktion 15, 77
Familiengröße 29ff., 71
Familienhaushalte 25ff., 51
Familienklima 89, 97
Familienname 31
Familienphasen 26ff., 29
Familienstruktur, autoritäre 55
Familienverband 35
Familienvermögen 31
Familismus 56, 79ff.
Fernsehen 89ff.
Frauen
- Ausbildung 123
- Bildungsniveau 22, 53
- Doppelorientierung 42, 128
- Ehe, Ansprüche an 124
- Emanzipation 42ff.
- Kindbettfieber 108ff.
Frauenarbeitsplätze 48
Frauenhäuser 84ff.
Frauenlöhne 32
Freizeitaktivitäten
- ehepaarbezogene 89
- Medien/-nutzung 91ff.
- Vereine 90
Freizeitverhalten
- familiales 88ff.
- Wandel, zeitgeschichtlicher 90

Ganztags-Hausfrauen 46
Geburten, nichteheliche 22, 99ff.
Geburtenbeschränkungen 22, 32
Geburtenvorbereitung 57, 65
Geburtenzahl/en 20, 31f.
- Rückgang 29ff., 70f., 127
Generationenkonflikt 69

Geschwister
- Betreuung 31
- Beziehungen 70ff.
- fehlende 29ff., 35, 127
- Gewaltanwendung zwischen 85ff.
- System 75, 127
Geschwisterkonstellationsforschung 75, 96
Gewalt
- Begriffsbestimmung 83
- Dunkelziffern 83ff.
- Einstellung zu 81ff.
- elterliche 82ff.
- Erziehungsmittel 67, 81ff.
- Folgen, psychische 84
- Konfliktlösungstechnik 85
- körperliche 81ff.
- psychische 83
- sexuelle 83
- Spruchweisheiten 81f.
- Tabuisierung 81, 85
Gewaltanwendung/en 81ff.
- gegenüber Eltern 84
Großeltern 16, 35, 97, 105, 109, 112ff.
Großfamilie 7

Halbtagsschule 40, 48f., 111
Hausaufgaben 76ff.
Hausfrauen 52ff., 76
- Vollzeit 153
Hausfrauenrolle, Einstellung zur 46
Haushaltsfamilie 23
Haushaltsformen 28
Haushaltsführung 49ff., 106, 115
Haushaltshilfe 52, 54
Hausmänner 60
Heiratsalter 20ff., 120
Heiratsmarkt 124
Homosexualität 114ff.
Hort 88

Jugendliche 52, 67ff., 76ff.
- Fernsehen 93

Jugendliche (Forts.)
- Freizeitaktivitäten 90
- Gewaltbereitschaft 86
- Sozialchancen, unterschiedliche 77
- Unterstützung, elterliche 80
- Verhaltensweisen, aggressive 84

Kernfamilie 16 ff., 24 ff., 85 ff., 88, 113
Kind/er
- Abstammung 99
- Auszugsalter 80
- Freundschaften 105
- Funktionswandel 15 ff., 30 ff., 34, 127
- homosexuelle Partnerschaften 113
- immaterielle Werte 31
- materielle Werte 31
- Mediennutzung 93 ff.
- Missbildungen, angeborene 85
- Misshandlung 83 ff.
- ökonomische Aufwendungen 20
- Opportunity costs 31
- Planbarkeit 20, 22
- Scheidungserleben 105 ff.
- Trennungsängste 45 ff.
- Verhaltensauffälligkeiten 97
- Wohnungsbedingungen 90
Kinderarbeit 51
Kinderbetreuung 34 ff., 43, 47 ff., 129
Kinderkrippen 43 ff.
Kinderwunsch 19, 33 ff., 65, 68
Kinderzahl 25 ff., 29 ff., 71, 120 ff.
Kinderzimmer 91
Kindestötung 83 f.
Kindesvernachlässigung 84 ff.
Kindeswohl 43
Kindheit 28
- frühe 45
- Gewalterlebnisse in 83 ff.
- Institutionalisierung 36 ff.
- Pädagogisierung 36 ff., 129
- Verhäuslichung 92
- Verinselung 37

Kollektiverziehung 43
Krippenerziehung 47 ff.
Kuppelei-Paragraph 19

Lebensalter, Anstieg 25, 127
Lebensgemeinschaften, gleichgeschlechtliche 114 ff.

Mediennutzung 93 ff.
Mobilität
- geographische 106
- soziale 76 ff.
- Sozialhilfeempfang 99
Mutter-Familie 17, 23, 96, 97 ff., 101 ff.

Nachhilfeunterricht 77
Nesthocker 75
Netzwerk, verwandtschaftliches 113
Nichteheliche Lebensgemeinschaften 15 ff., 27, 110, 115 ff.
- mit Kindern 15, 18 ff., 22 ff.
- Quote 127

Paar/e
- homosexuelle 9, 16, 114 ff.
- kinderlose 123
- lesbische 114 ff.
Partnerbeziehung, kindorientierte 19 ff.
Patriarchalismus 55
Pflegefamilie 22 ff.
Pluralitätsthese 13 ff., 17 ff., 23, 28

Reproduktionsmedizin 16
Rolle/n, soziale 11, 37 ff.
Rollenambiguität 113, 128
Rollenausfall 15, 122
Rollenerwartung 15 ff., 21, 59 ff.
Rollenwandel 18 ff., 38 ff., 54 ff.

Scheidung 7, 14 ff., 22, 23 ff., 86, 96, 98, 102 ff., 106, 110 f., 118 ff.
Scheidungszahlen 25, 119 ff.
Schichtarbeit 12, 51

Sachregister

- Psychopharmaka 76
- Verhaltensstörung 43
- Schulkultur 78
- Schulleistungen 76, 85 ff., 96
- Schulprobleme 76 ff.
- Schulsystem 75 ff.
- Schulzeit 36
- Schwangerschaft 19, 56 ff., 58, 98, 100
- Schwangerschaftserlebnis 56
- Schwiegermutter 57
- Seitenverwandte 35, 113
- Sorge, elterliche 84
- Sorgeproblematik 20
- Sorgerecht 103, 106
- Sozialisationsmilieus, spezifische 117
- Spielgruppe 36, 75
- – nachbarschaftliche 30, 36 ff., 90, 127
- Sprachcode 78 ff.
- – elaborierter 78
- Stiefeltern 17, 22, 109 ff., 113
- Stieffamilie 23 ff., 109 ff.
- – Bildung einer 19
- – Charakteristika 110, 113
- – Entstehungsgeschichte 111 ff.
- Stiefgeschwisterschaft 17
- Stiefgroßeltern 113
- Stiefkinder 110
- Strafen, körperliche 66
- Studentenbewegung 76
- Tagesmütter 44, 54

Tagesmutter-Modellprojekt 43
Taschengeld 80
Telefonieren 91 ff.

Unterhaltsgesetz 48
Urenkel 27
Urgroßeltern 16, 27, 35
Urgroßmutter 27

Value-of-children-Forschung 30 ff.
Vater/Väter 54 ff.
- alleinerziehende 15, 22, 95 ff., 106 ff.
- autoritäre 55 ff.
- neue 54, 59, 130
- werdende 56 ff.
- Verwitwung 106 ff.
Vaterabwesenheit 96 ff.
Vater-Familie 17, 22 ff., 95, 106 ff.
Vater-Kind-Einheit 16, 27
Verwandtenverband 35
Vier-Generationen-Familie 16

Waise/n 107
Waisenhaus 108
Wandel
- innerfamilialer 12, 129
- Ungleichzeitigkeit 62
Wiederverheiratung 7, 16, 18, 110, 124

Züchtigung, körperliche 66, 82, 97
Züchtigungsmittel 82
Züchtigungsrecht 82